日本語概説

月本雅幸

日本語概説（'15）
©2015　月本雅幸

装丁・ブックデザイン：畑中　猛
o-10

まえがき

　本書を手に取られた方の多くは日本語の母語話者，つまり生まれて初めて身に付けた言語が日本語である，という方であろうと思います。そのような方々にとって，日本語とは，いつでも身の回りにあり，特にその存在を意識しないもの，ちょうど空気のようなものであるのかも知れません。そして，日本語を毎日使っていて，特に問題を感じることもなく，したがって，そのような自分には日本語について，特に新たに知識を得る必要はないとお考えの方もあるかもしれません。

　しかし，本当にそうでしょうか。

　第一に，毎日何の困難もなく使いこなしている対象であっても，私たちはそれについて，どれほどの知識を持っているでしょうか。たとえば，電化製品や自動車，さらには電子機器などについて，私たちは毎日，おおむね何の問題もなくそれを使いこなしていると言ってよいでしょう。しかし，ひとたびそれが故障したりすれば，もう専門家の手に委ねるしかありません。毎日使いこなしているようなものであっても，それについて，我々が万事を知り尽くしている訳ではないのです。

　第二に，日本語をより良く使うため，また，今後の日本語のあるべき姿を考えるには，どうしても現在の，そして過去の日本語の姿を知らなくてはなりません。このことは比較的容易にお分かり頂けるでしょう。

　第三に，急速に国際化しつつある日本の社会において，あるいは外国において，日本語を学んだり，日本語に関心を抱いている外国の人々から，皆さんは日本語について質問をされることがあるでしょう。その際，きちんと答えるためには，相応の知識を必要とします。

　以上のように考えると，日本語の母語話者にとっても，日本語それ自

体の知識が必要であるということになります。

　しかし，それならば小学校，中学校，高等学校の国語科の学習の中でこれらを十分に学んだかといえば，残念ながら種々の事情のために必ずしもそうはなっていないと私は考えます。そこで，大学の教育課程の中で日本語に関する知識が学べるようにと企画されたのがこの「日本語概説」なのです。

　ただし，そうは言っても日本語に関する万般の知識を種々の制約の中（本書とは別に放送教材＝45分15回のテレビ番組も作られています）ですべて述べることはできません。

　そこで，この科目ではいくつかの事柄に重点を置くことにしました。それは日本語の音韻，日本語の文法，日本語の方言です。さらに全体を通じて配慮したのは，日本語の現状，すなわち現代日本語の解説をするのみではなく，過去の日本語にも目を配るということです。過去の日本語があったからこそ現在の日本語があるわけで，過去の日本語に目を向けて初めて現在の日本語をよく理解することができるからです。そして現在の日本語を知ることによって日本語の今後のあり方を考えることができるようになるのです。

　本書が皆さんにとって，日本語についてより深く考えて下さる契機となれば幸いです。

　最後になりましたが，分担執筆者の方々，資料を提供して下さった方々，編集担当者の方に心から御礼を申し上げます。

2015（平成27）年2月
月本雅幸

目次

まえがき　　月本雅幸　3

1 日本語の特質　　｜月本雅幸　11
1. 日本語とは
2. 話者数から見た日本語
3. 日本語学習者の数
4. 日本語系統論
5. 言語類型論から見た日本語
6. 日本語と外国語

2 現代日本語の音韻　　｜肥爪周二　24
1. 日本語の音声
2. 音声と音素
3. 音節とモーラ
4. アクセント

3 日本語の音韻の変遷　　｜肥爪周二　38
1. アヤワ三行の変化・子音の変化
2. 上代特殊仮名遣い
3. 音便
4. アクセントの変化

4 日本語の音韻と外来語　　｜肥爪周二　51
1. 外来語の音韻
2. 字音語（漢語）の音韻

5 | 日本語の文とその構造　｜ 金水 敏　64

1. 学校文法からちょっと踏み出す
2. 話し言葉と書き言葉
3. 動態叙述文と静態叙述文
4. 従属節
5. 受動文と使役文

6 | 日本語文法の諸相：時間表現　｜ 金水 敏　81

1. 日本語文法は時間をどのように表現するか
2. 微視的時間把握と巨視的時間把握
3. テンス
4. アスペクト
5. 従属節のテンス・アスペクト
6. 地の文のテンス・アスペクト

7 | 日本語文法の諸相：モダリティ　｜ 金水 敏　96

1. モダリティとは何か
2. 疑似モダリティ1
3. 疑似モダリティ2「〜のだ」
4. 真性モダリティ
5. 終助詞

8 | 日本語文法の変遷　｜ 山本真吾　112

1. 古典文法から現代語文法へ
2. 古典文法の萌芽――奈良時代以前
3. 古典文法の完成――平安時代
4. 古典文法の崩壊――鎌倉時代
5. 現代語文法への道程――室町時代から近代・現代へ

9 | 日本語の語彙　　　山本真吾　126

1. 語と語彙
2. 語彙の諸相
3. 語の意味
4. 語彙史
5. 現代社会と語彙

10 | 日本語の文字と表記　　　月本雅幸　140

1. 日本語の文字
2. 漢字
3. 平仮名
4. 片仮名
5. 仮名遣い
6. ローマ字
7. 国字問題
8. 漢字制限論
9. 今後の課題

11 | 日本語の文体　　　山本真吾　153

1. 文体とは
2. 奈良時代以前の文体——漢字専用時代
3. 平安時代の文体
　　——和文体と漢文訓読体および記録体
4. 院政鎌倉時代の文体——和漢混淆文
5. 南北朝・室町時代の文体
6. 江戸時代の文体
7. 明治時代の文体——言文一致への道程

12 日本語研究の歴史　　月本雅幸　166

1. 日本語研究の歴史を知る意味
2. 言語意識と言語研究
3. 日本語研究の契機と目的
4. 古代・中世の日本語研究
5. 貴族社会を中心とする和歌関係の研究
6. 日本書紀と関連する古語の研究
7. 仏教界における外国語と対照した音韻の研究
8. キリシタン宣教師による総合的な日本語研究
9. 近世の日本語研究
10. 近代の日本語研究と学校文法

13 方言の形成　　篠崎晃一　180

1. 方言とは何か
2. 方言と共通語・標準語
3. 方言の誕生
4. 方言の分類

14 方言の多様性　　篠崎晃一　194

1. 文献資料と方言
2. 方言研究の方法
3. 方言分布とその解釈

15 | 現代の方言　　　　　　　　｜ 篠崎晃一　209

1. 伝統方言の変容と新しい方言
2. 地域差の発見
3. 方言に対する意識
4. 方言の有効活用

参考文献　223
索　引　229

1 | 日本語の特質

月本雅幸

《**目標＆ポイント**》 日本語がどのような言語であるか，従来もさまざまに語られてきたが，これを客観なデータや最近の研究成果，また従来の専門家の学説に基づいて考えることにする。
《**キーワード**》 日本語の特質，日本語系統論，言語類型論

1. 日本語とは

　日本語がどのような言語であるかという問題はこれまでも数多くの人々によって，さまざまに語られてきた。しかし，それがどれだけ客観的なものであるかについては，不透明な面がどうしても残ってしまうし，それゆえにそこで示された特質がどこまで自明のものであるかは難しい点を含むであろう。
　実は，まえがきにも書いたように，この『日本語概説』全体が日本語の特質を明らかにしようという試みであり，各章もそれを十分に考慮しながら書かれているが，他の章では扱えなかった問題を中心に本章で取り上げてみたいと思う。

2. 話者数から見た日本語

　世界に存在が知られる言語の数は6000または7000くらいといわれるが，その中にあって，日本語がどのような位置を占めているかということは，これまでも問題にされてきた。その際，日本語と外国語それぞれ

表 1-1　主要言語の話者数順位

言語話者数（億）	(1a) Voegelin & Voegelin 1977	(1b) 下宮 1980	(2a) Katzner 1977	(2b) Katzner 1986	(2c) Katzner 1995	(3a) Crystal 1987	(3b) Crystal 1992	(3c) Crystal 1997
10	中 5.41	中 8	中 7.8	中 10.36	中 11.4	中 10	中 10	中 10.7
			英 3	英 3.5	英 3.5 / ス 3.25	英 3〜3.5	英 3.5	英 4.27
	英 2.5	英 2.5	ス 2.75	ヒ 2.75		ス・ロ 2.7	ス 2.66	
			ス 2.25	ヒ 2.25 / ア 2.15			ヒ 2.25	
2			ロ 1.9 / ヒ 1.8	ロ 1.95	ベ 1.9	ス 1.5〜2.5		ヒ 1.82 / ア 1.81
		ヒ・ロ 1.7		ベ 1.6	ポ 1.7+ / ロ 1.55	ヒ 1.3〜2		ポ 1.65 / ベ 1.62 / ロ 1.58
	ス・ロ 1.5	ス 1.5		ア 1.5 / ポ 1.35+		ロ 1.3〜1.5 / ア 1.2〜1.5	ア・ポ 1.5 / ベ 1.45	
		日 1.1	ベ 1.25 / ア 1.2 / 日・ポ 1+	日 1.2+	日 1.25+	ポ 1.2〜1.35 / 日 1.2 / ベ 0.8〜1.5	日 1.22	日 1.24 / ド 1.21
1	日 1.02 / ド 0.95	ド 0.95	ド 1	ド 1	ド 1	ド 0.95〜1	ド 1	
	ベ・ポ 0.76 / ア 0.5〜0.8 / ヒ 0.6	ア 0.8 / ベ・ポ 0.76						

（田野村忠温

第1章　日本語の特質

(4) Comrie (ed.) 1987	中 10+、(英 3.33)、ス 2.8、(ヒ 2)、ポ 1.6+、(ロ 1.54)、ア 1.5+、ベ 1.45、日 1.15、ド 1.03
(5) Décsy 1990	中 7.7、英 4.15、ヒ 2.9、ス 2.85、ア 1.7、ベ 1.65、ポ 1.6、イ 1.25、日 1.2、ロ 1.15、ド 1
(6) Campbell 1991	中 12、英 3.5、ス 3、ヒ 2.25、ベ 1.65+、ロ 1.6、ア 1.5、ポ 1.34、日 1.2、ド 1
(7a) Bright (ed.) 1992	中 10、英 4.03、ス 2.66、ヒ 1.82+、ア 1.6～1.7、ベ 1.62、ロ 1.55、ポ 1.54、ド 1.21、日 1.19
(7b) Lyovin 1997	中 10、英 4.03、ス 2.66、ヒ 1.82、ア 1.6+、ポ・ロ 1.54、ベ 1.52、ド 1.19、日 1.18
(8) Bussmann 1996	中 9.44、英 3.25、ス 3、ヒ 2、ア・ベ・ロ 1.5、ポ 1.4、日 1.2+、ド 0.9
(9) Matthews 1996	中 10、英 3.5、ス 2.5、ヒ 2、ア・ベ・ロ 1.5、ポ 1.35、日 1.2、ド 1
(10) Grimes (ed.) 1996	中 12.2、英 3.22、ス 2.66、ア 2.02、ベ 1.89、ヒ 1.82+、ポ・ロ 1.7、日 1.25、ド 0.98

「言語話者数の統計の比較（上位10言語）《増補第2版》」大阪大学ホームページより）

[言語名の略号]
　アラビア語，スペイン語，ドイツ語，ヒンディー語，ベンガル語，ポルトガル語，ロシア語，英語，中国語，日本語，インドネシア語［(5)のみ］
[文献一覧]
(1a)　Charles F. Voegelin and Florence M. Voegelin *Classification and Index of the World's Languages* (Elsevier, 1977)
(1b)　下宮忠雄「〈付録〉世界の言語」(『ラルース言語学用語辞典』, 大修館書店, 1980 年)
(2a)　Kenneth Katzner *The Languages of the World* (Routledge & Kegan Paul, 1977)
(2b)　Kenneth Katzner *The Languages of the World: Revised Edition* (Routledge & Kegan Paul, 1986)
(2c)　Kenneth Katzner *The Languages of the World: New Edition* (Routledge, 1995)
(3a)　David Crystal *The Cambridge Encyclopedia of Language* (Cambridge University Press, 1987)
(3b)　David Crystal *An Encyclopedic Dictionary of Language and Languages* (Blackwell, 1992)
(3c)　David Crystal *The Cambridge Encyclopedia of Language* 2nd edition (Cambridge University Press, 1997)
(4)　Bernard Comrie (ed.) *The World's Major Languages* (Croom Helm, 1987)
(5)　Gyula Décsy *Statistical Report on the Languages of the World as of 1985, Part I: List of the Languages of the World in Decreasing Order of the Speaker Numbers* 2nd edition (Eurolingua, 1990)
(6)　George L. Campbell *Compendium of the World's Languages* 2 volumes (Routledge, 1991)
(7a)　William Bright (ed.) *International Encyclopedia of Linguistics* 4 volumes (Oxford University Press, 1992)
(7b)　Anatole V. Lyovin *An Introduction to the Languages of the World* (Oxford University Press, 1997)
(8)　Hadumod Bussmann *Routledge Dictionary of Language and Linguistics* (Routledge, 1996)
(9)　Stephen Matthews 'Develpoment and Spread of Languages' in Bernard Comrie *et al.* (eds.) *The Atlas of Languages* (Facts on File, Inc., 1996)
(10)　Barbara F. Grimes (ed.) *Ethnologue: Languages of the World* 13th edition (The Summer Institute of Linguistics, Inc., 1996)
[備考]
　図中に示した話者数は必ずしもそのままの形で文献中に与えられているわけではなく，筆者の判断・計算を経ているものもある。詳細については各文献を直接参照されたい。／できるだけ母語話者数として挙げられている数を採るようにしたが，文献においてすべての場合に話者数の性質が明記されているわけではない。／「1.2＋」のような表記は「1.2 以上」を表す。／0.01 億人（＝百万人）未満の端数を含む場合は四捨五入によって丸めた。／話者数に幅を持たせてある場合は便宜上その範囲の中央の位置に記入した。／(1a)のヒンディー語の統計はウルドゥー語の話者数を含む。／(4)では，英語とロシア語については主な使用国における話者数しか記述されておらず，話者総数は不明である。また，ヒンディー語の統計は第 2 言語話者数を含む。それら 3 言語については括弧に入れて示した。

の言語の話し手の数（話者数）が問題にされることが多かった。この問題について，田野村忠温は大略次のように指摘した。
・従来日本語は話者数の多さで世界第6位の言語であるとする見解がしばしば行われてきた。
・しかし，この説は根拠薄弱で，誤っている可能性が高い。
・むしろ，各種資料によれば，日本語の話者数順位は第8位または第9位である可能性が高い。

　田野村の指摘は十分納得のいくもので，これに従うべきものであろうと思われる。次に田野村が示した各種資料による主要な言語の話者数を表1-1に示す。

　これによれば，確かに日本語は話者数で世界の諸言語の中で第8位または第9位に位置している。

　ただし，これは田野村も述べていることだが，各種資料に示されているそれぞれの言語の話者数には大きな相違がある。これは，そもそもある言語の話者数を調べることが非常に難しいためである。日本語の話者数は日本の総人口と大きく相違することはないものと見られるが，他の言語についていえば，当然のことながら，一つの言語の話者が複数の国や地域にまたがることはしばしばあり，また，一つの国や地域の言語が一つであるはずもない。そこで各種資料により，話者数は異なってくるわけである。それでもすべての資料において，話者数の第1位は中国語，第2位は英語となっている。

3．日本語学習者の数

　それでは次に日本語を学習している外国人（日本語を母語としない人々）の数はどうであろうか。まず，海外における日本語学習者の数については，国際交流基金の調査結果がある。2012年の調査結果を表1-2

表 1-2　海外の日本語学習者数

順位	国・地域	2012 年の日本語学習者数
1	中国	1,046,490
2	インドネシア	872,406
3	韓国	840,187
4	オーストラリア	296,672
5	台湾	232,967
6	アメリカ合衆国	155,939
7	タイ	129,616
8	ベトナム	46,762
9	マレーシア	33,077
10	フィリピン	32,418
総計		3,985,669

（国際交流基金「2012 年度日本語教育機関調査」による）

表 1-3　国内の日本語学習者数（2012 年度）

大学等機関	44,104
地方公共団体・教育委員会	15,405
国際交流協会	17,476
上記以外	62,628
合計	139,613

（文化庁ホームページ「外国人に対する日本語教育の現状について」による）

に掲げる。
　中国，韓国，台湾という日本に比較的近い国々に加えて，インドネシアやオーストラリアの学習者数がそれぞれ第 2 位と第 5 位に入っていることが注意される。総数は 3,980,000 人余りであり，1970 年には僅か 57,200 人であった（国際交流基金による）から，その増加ぶりが知られる。

また，国内における日本語学習者の数については，文化庁の統計があり，2012 年に 139,613 人であったという（表 1-3 参照）。海外と日本の日本語学習者の合計は約 400 万人であり，世界の人口が約 70 億人ともいわれる現在にあって，この約 400 万人という数をどう見るかについては，種々の見方があろうかとも思われるが，世界中で学習されている英語などの諸言語と比較すれば，まだまだ少ないと考えないわけにはいかないであろう。

4. 日本語系統論

　18～19 世紀のヨーロッパ言語学では，比較言語学と呼ばれる分野が急速に発展した。当時のヨーロッパの言語学者はヨーロッパの諸言語が互いによく似ていることに気付き，これは同じ祖先の言語から枝分かれした結果ではないかと考えた。そしてサンスクリット語（古代インドの言語），古典ギリシャ語，ラテン語という西暦紀元前後の言語よりもさらにさかのぼるものとしてインド・ヨーロッパ祖語（印欧祖語）を想定し，その子孫にあたる言語をインド・ヨーロッパ語族と名付け，いわば言語の家族に見立てたのであった。

　そして世界の言語をいくつかの語族に分け，これによって世界の諸言語を位置付けようと試みた。その主要な語族は次の通りである。
・インド・ヨーロッパ語族……英語，ドイツ語，フランス語，オランダ語，ロシア語，北欧の諸言語（フィンランド語を除く）など
・ウラル語族……ハンガリー語，フィンランド語など
・アルタイ諸語……チュルク（トルコ）語，モンゴル語など
・アウストロネシア語族……タガログ語，インドネシア語など
・シナ・チベット語族……中国語，チベット語，ミャンマー語など
・南アジア語族……カンボジア語，ベトナム語など

・ドラビダ語族……南インドの諸言語
・セム・ハム語族……ヘブライ語，アラビア語など
・バントゥー語族……アフリカ南部の諸言語

実際にはどの語族に属するのか，不明の言語も数多い。

日本語がこれらのどの語族に属するのかは，特に日本の言語学者，国語学者にとっては切実な問題であり，明治以来種々の研究がなされた。このような研究を日本語系統論と呼ぶ。その中で，大きな影響力を持ったのは，明治時代にヨーロッパに留学し，当時としては最新の比較言語学の知識を持ち帰った藤岡勝二（1872〜1935）であった。

藤岡は1908年に行った講演「日本語の位置」で，日本語と「ウラルアルタイ語」との関係が近いということを主張した。藤岡は「ウラルアルタイ語」の特徴として，次の14箇条を挙げた。

1　語頭に子音が二つ立たない。
2　語頭にrが立たない。
3　いわゆる母音調和がある。
4　冠詞がない。
5　文法上の性（男性名詞，女性名詞，中性名詞などの区別）がない。
6　動詞の変化が語尾の屈折ではなく，接辞の付加による。
7　動詞に付く助動詞の類が多い。
8　代名詞の変化がインド・ヨーロッパ語とは異なる。
9　前置詞がなく，後置詞（日本語では助詞に相当）がある。
10　インド・ヨーロッパ語の「持つ」にあたる意味を「ある」で表す。
11　形容詞の比較級を表すのに，奪格の助辞（日本語では「より」）を用いる。
12　疑問文であることを示す語（日本語では「か」）を用いる。
13　接続詞の使用が少ない。

14　修飾語が被修飾語の前に立つ。

　そして3以外は日本語にも該当すると考えたのであった。ただ，ここで注意すべきは，これが何かの証明になっているわけではないことである。インド・ヨーロッパ語族の中で互いに言語が同系であることを証明しようとすれば，音韻組織の対応，単語の対応，文法規則の対応など，厳密な手続きが必要とされた。日本語と「ウラルアルタイ語」の間にはそのような確実な対応はないのであった。しかし，厳密な意味で同じ系統に属すると明言できる言語が，日本語については発見できなかったため，いわば同系の証明の必要条件を緩和したことになる。

　上記の3については，1930年代に池上禎造（いけがみていぞう）（1911〜2005）と有坂秀世（ありさかひでよ）（1908〜1952）が，相次いで古代日本語に母音調和のあった形跡があるということを指摘し，これも日本語が「ウラルアルタイ語」に属する傍証であると見られたことがあった。母音調和というのは，ある言語で母音が二つのグループに分かれ，一つの単語の中では一方のグループの母音しか使用されない（二つのグループのいずれとも結び付く，いわば中立の母音のある場合もある）という現象である。奈良時代以前の日本語にはその形跡があったとされたのであった。

　このことは一見，日本語が「ウラルアルタイ語」に属するとの説を補強したかに見えた。けれども，それは明確な証明になっていたわけではなかったため，最終的に専門家の大部分を納得させることはできなかった。さらに，数多くの研究者がそれぞれ日本語と同系統の言語のあることを主張したが，同様に大方の賛同を得るにはいたらなかった。つまり，日本語といわば親類関係にあることが証明できるような言語はついに現在まで発見できなかったのである。この点だけから見れば，日本語は言わば周囲の諸言語から孤立した存在であるということになろう。

5. 言語類型論から見た日本語

　20世紀の後半から「言語類型論」と呼ばれる研究分野が急速に発展した。これは世界の諸言語がどのような点で共通し，どのような点で異なっているかを考察するもので，比較言語学に用いられた語族や祖語の概念を用いずに，多種多様な言語のあり方を検討するものである。この中では語順の類型論と呼ばれるものが最も基本的で，たとえば

　　私が　本を　読む。
　　S　　O　　V

　　I　read　a book.
　　S　　V　　O

のように，主語(S)，他動詞(V)と目的語(O)からなる文を考えた場合，この三つの要素がどのように並ぶかを考えてみるものである。
　順列により考えれば，SVO, SOV, VOS, VSO, OSV, OVS の六つのパターンが考えられる。日本語は明らかに SOV に属しており，英語や中国語は SVO に属するから，あるいは後者に属する言語の数の方が前者に属するものより遥かに多いと思われるかも知れない。しかし，実際には各種の報告では日本語と同じ SOV が最も多く，世界の言語の約半数，それに次いで SVO がそれより少ない 40％前後，VSO が約 10％であり，残りの三つの型に属する言語は非常に少なく，特に OSV に属する言語はまだ発見されていないとされる。つまりこの六つのパターンは数の上で均等に存在するわけではないのである。
　角田太作（『世界の言語と日本語—言語類型論から見た日本語』）によれば，種々の観点から見て，日本語は多くの点で決して特殊ではなく，

それは英語についても同様であるものの, 一般疑問文 (yes/no で答える疑問文) を作るのに Are you 〜? のように主語と動詞を倒置することは世界の言語では非常に珍しく, これはいずれもヨーロッパの言語であり, このような点を考えれば, 日本語よりもむしろ英語の方が特殊な言語だといえる可能性もあるのだという。

このようにして, 日本語の学習者数や系統論の観点からは, 日本語が孤立した言語, あるいは少数派に属する言語のように見えなくもないが, 観点を変えれば, そうともいえないことが分かってきた。しかし, 日本語がどこまで世界の諸言語の中で普遍的な性格を備えているか, そして, どれほど特殊な性格を持っているのかは, 今なお研究が進められているところであり, 今後の研究の進展が注目されるところである。

6. 日本語と外国語

さらに日本語の特質についてもう 1 点付け加えておきたい。それは日本語と外国語の関係である。日本語がどのような言語の系統に属しているかは今なお明らかではないし, 日本列島が大陸から離れた場所に位置していることも事実である。しかし, それでもなお, 日本語は外国語と密接な関係を保ってきた。しかも, それはここ 1, 2 世紀のことではなく, 遥かな古代以来のことなのである。

そもそも, 第 10 章とも関連するが, 文字を持たなかった日本語が漢字を取り入れたということ自体, 外国語との密接な関係を持っていたことを物語るものである。よく知られているように, 古代の日本は決して大陸から孤立していたわけではなく, 特に朝鮮半島とは密接な往来があり, 数多くのものが大陸から日本に伝えられていた。言語もその一つであり, 文字はその中でも, 遠くまで届かない音声言語を遠隔地に伝えたり, 同じく直ちに消えてしまう音声言語を遥か後世にまで伝える働きを持っ

ているという点で重要であった。文字を使いこなすことは新しい情報技術を身に付けることであった。

　また，この結果，日本語には大量の中国語の語彙が取り入れられることになった。これが漢語である。第9章でも見ることだが，古代日本語にも，現代日本語にも大量の漢語が入っており，しかし，それがあまりに日常的であるために，現代の日本人にはそれが本来外来語であったと感じられないほどになっている。

　また，第4章で詳しく見ることになるが，漢字の音読み（日本漢字音）は訓読みと並んで漢字の読み方の一つとして大きな位置を占めているが，元来は外国語の発音であり，それが日本語化したものであった。

　明治時代以後の片仮名表記の外来語が日本語の中で占めている位置がいかに大きいかは，少し振り返ってみれば明らかなことであるが，それに漢語や日本漢字音の要素を加えて考えると，日本語のかなりの部分は外国語の影響を受けていることになる。

　もっとも，日本語が外国語から受けた影響は語彙などにとどまり，文法などの基本的な性格は古いものを維持しているという見方も根強い。しかし，もしそうであるとしても，日本語はいわば伝統的な身体に外来の衣をまとっているということになるのである。

　今後ますます日本社会の国際化が進展するに従い，日本人による多言語使用の場面が多くなってくるであろうと予想されるし，同時に外国人による日本語使用（結局これも多言語使用の局面である）も増加することであろうと思われる。近年では，英語など大言語の話者が増加している半面，話者が少数の言語にあっては，話者がゼロとなって消滅の危機に瀕している言語が多数あるとされる（危機言語）。これに伴い，世界の言語の総数は減少傾向にあるとされている。また，日本の人口が急速に減少すると見込まれ，当然の帰結として日本語の話者数が減ることが予

想される。その中にあって，今後日本語の位置がどのように変化するか，また，日本語それ自体の性質にどのような変化があるかないかが注目されるところである。

2 | 現代日本語の音韻

肥爪周二

《**目標&ポイント**》 国際音声字母の基本的な使い方を理解した上で，音声と音韻（音素）の違いを学習する。さらに音節とモーラの違い，ピッチアクセントとしての日本語のアクセントの仕組みを学習する。
《**キーワード**》 国際音声字母，音声，音素，音節，モーラ，アクセント

1. 日本語の音声

（1）音声記号

　世界の言語には，さまざまな音声が存在する。英語をはじめとするいくつかの言語を勉強すれば，そこには日本語には存在しないタイプの音声や音声の区別が存在することを知ることができる。図 2-1・表 2-1 を見てみよう。国際音声字母（International Phonetic Alphabet, IPA）は，世界のさまざまな言語の音声を表記するための記号として，最も広く普及しているものである。ここに掲載されている多くの子音・母音の記号，必要に応

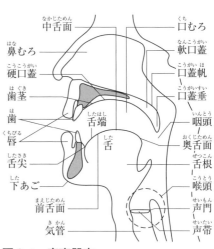

図 2-1　音声器官

じて補助記号を組み合わせることにより，多様な音声が表現されることになる。

　これだけたくさんの記号があれば，どんな言語の音でも表すことができるように思えるかもしれない。しかし，たとえば日本語のラ行子音のように，これらの記号の範囲内には，補助記号を併用しても，ぴったり合う記号が存在しないというケースもある。一つには，日本語のラ行子音の音声が，仮に音声記号で書くとすれば，[ɖ]・[ɾ]・[ɹ]・[l]など，さまざまな音声で現れる，揺れ幅の大きな子音であるということがある。国際音声字母の原理として，このような幅のある音声を表すために一つの記号を用意することはできない。近年ははじき音の[ɾ]で表記されることが多くなっており，確かに母音間ではそのような音声が現れることもあるが，はじき音の定義からすると，この記号で表される音声は，日本語のラ行子音の実現としては必ずしも典型的なものではない。視覚的に違和感のない記号ということで，消去法的に選んだという面もあるのであろう。また，エ段音の母音は，[e]で表記されることが多いが，実際には[e]と[ɛ]の中間程度の音声である。これも前後の子音の影響や，話す速度，さらには個人の癖等によって，もっと狭い母音・広い母音・中舌寄りの母音等々，さまざまな音声で実現する。それらを補助記号を用いていちいち書き分けるのは繁雑であるし，ほとんどの場合，不必要である。そもそも補助記号の数も有限である以上，国際音声字母による音声の表記には，最初から限界があるのである。

　以上のように国際音声字母による音声表記には，不足する面がある一方で，誠実に音声表記をしようとすればするほど過剰になってしまうという面もある。そのような音声記号の性質を踏まえた上で，以下，日本語の共通語（≒東京方言）について，単独で丁寧に発音したときの音声を解説する。やや簡略化した音声表記で示すが，それでも見慣れない記

表 2-1　国際音声字母

○ IPA（国際音声記号）（2005 年度改訂版，抜粋）
[子音（肺臓気流）]

	両唇音	唇歯音	歯音	歯茎音	後部歯茎音	そり舌音	硬口蓋音	軟口蓋音	口蓋垂音	咽頭音	声門音
破裂音	p　b			t　d		ʈ　ɖ	c　ɟ	k　ɡ	q　ɢ		ʔ
鼻音	m	ɱ		n		ɳ	ɲ	ŋ	ɴ		
ふるえ音	B			r					R		
はじき音		ⱱ		ɾ		ɽ					
摩擦音	ɸ　β	f　v	θ　ð	s　z	ʃ　ʒ	ʂ　ʐ	ç　ʝ	x　ɣ	χ　ʁ	ħ　ʕ	h　ɦ
側面摩擦音				ɬ　ɮ							
接近音		ʋ		ɹ		ɻ	j	ɰ			
側面接近音				l		ɭ	ʎ	ʟ			

※記号が二つに並んでいるものは，右が有声音，左が無声音。網かけは調音が不可能と考えられる部分。

[その他の記号]

　ʍ　無声両唇軟口蓋摩擦音　　　ɕ　ʑ　歯茎硬口蓋摩擦音
　w　有声両唇軟口蓋接近音　　　ɺ　歯茎側面はじき音
　ɥ　有声両唇硬口蓋接近音　　　ɧ　ʃ と x の同時調音
　ʜ　無声喉頭蓋摩擦音　　　　　二重調音と破擦音は，必要があれば 2 つの記号を
　ʢ　有声喉頭蓋摩擦音　　　　　次のように結合させて表すことができる。
　ʔ　喉頭蓋破裂音　　　　　　　k͡p　t͡s

第2章 現代日本語の音韻

[母音]

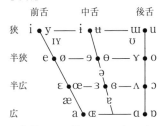

※記号が二つ並んでいるものは，右が円唇，左が非円唇。

[補助記号] 下に伸びた記号にはその上に付けてもよい。例：ŋ̊

	無声の	n̥ d̥		息もれ声の	b̤ a̤		歯音の	t̪ d̪
	有声の	s̬ t̬		きしみ声の	b̰ a̰		舌尖で調音する	t̺ d̺
ʰ	帯気音化した	tʰ dʰ		舌唇の	t̼ d̼		舌端で調音する	t̻ d̻
	より丸めの強い	ɔ̹	ʷ	唇音化した	tʷ dʷ	˜	鼻音化した	ẽ
	より丸めの弱い	ɔ̜	ʲ	硬口蓋化した	tʲ dʲ	ⁿ	鼻腔開放の	dⁿ
	前寄りの	u̟	ˠ	軟口蓋化した	tˠ dˠ	ˡ	側面開放の	dˡ
	後ろ寄りの	e̠	ˤ	咽頭化した	tˤ dˤ	̚	開放のない	d̚
	中舌寄りの	ë	~	軟口蓋化あるいは咽頭化した	ɫ			
	中央寄りの	ê		より狭い	e̝		(ɹ̝ = 有声歯茎摩擦音)
	音節主音の	n̩		より広い	e̞		(β̞ = 有声歯茎接近音)
	音節副音の	e̯		舌根が前に出された	e̘			
	r音色の	ɚ ɑ˞		舌根が後ろに引かれた	e̙			

号が多いかもしれない。これらの記号によって表現しようとしているのは，普段私たちが聞き慣れている日本語の音声である。

（2）子音の発音

　カ行子音は，カ[ka]・ク[kɯ]・ケ[ke]・コ[ko]については，[k]で発音される（実際には補助記号を使用しても書き分けがたい小差があるが省略，以下の子音も同様）。東京方言のキの発音は[kʲi]のように，強く口蓋化しており，英語の kiss[kɪs]，keep[kiːp]などの[k]に比べて，浅く明るい印象を与える音である（簡略には[ki]と表記しても構わない）。拗音のキャ・キュ・キョは，本書では[kʲa]・[kʲɯ]・[kʲo]のように表記しておくが，[kʲja]・[kʲjɯ]・[kʲjo]のように書くこともあるし，[kja]・[kjɯ]・[kjo]と表記しても構わない。ガ行子音は，伝統的な共通語では，語頭位置で[ɡ]・[ɡʲ]，語中位置でガ行鼻濁音[ŋ]・[ŋʲ]とされている。しかし，このような発音の区別は急速に衰退しており，高齢者の発音や，アナウンサー，クラシック系歌唱などの人為的発音に残るのみである。現在では，語中でも[ɡ]・[ɡʲ]で発音されることが多いが，通常の会話の速度では，しばしば摩擦音化して[ɣ]・[ɣʲ]で発音される（はがき[haɣakʲi]など）。ガ行子音の発音はもともと方言差が大きかったが，現在でも，ガ行鼻濁音は多くの方言に残っており，一部の地域では語頭位置においても[ŋ]・[ŋʲ]で発音される。

　サ行子音は，サ[sa]・ス[sɯ]・セ[se]・ソ[so]のように[s]の子音であるが，特に東京方言のシの発音は，[ɕi]のような発音であり，英語のship[ʃɪp]，sheet[ʃiːt]などの[ʃ]に比べて，摩擦の起こる位置が硬口蓋側に寄った，明るい印象を与える摩擦音である。拗音はシャ[ɕa]・シュ[ɕɯ]・ショ[ɕo]・シェ[ɕe]。簡略には[ɕ]の代わりに[ʃ]を用いても構わない。ザ行子音は，語頭および撥音の後では，破擦音ザ[dza]・ジ[dzi]・

ズ[dzü]・ゼ[dze]・ゾ[dzo]・ジャ[dza]・ジュ[dzɯ]・ジョ[dzo]・ジェ[dze]のように発音され，母音間では摩擦音[za]・[zi]・[zü]・[ze]・[zo]・[za]・[zɯ]・[zo]・[ze]で発音される傾向が強いが，これはあくまで傾向であって，絶対的なものではない。記号は[dz]・[z]の代わりに[dʒ]・[ʒ]を用いても構わない。

　タ行子音は，タ[ta]・テ[te]・ト[to]は破裂音であるが，イ段・ウ段・拗音についてはチ[tɕi]・ツ[tsü]・チャ[tɕa]・チュ[tɕɯ]・チョ[tɕo]・チェ[tɕe]と破擦音になる。[tɕ]の代わりに[tʃ]を用いても構わない。ダ行子音も，ダ[da]・デ[de]・ド[do]は破裂音である。仮名遣いの上で存在するヂ・ヅ・ヂャ・ヂュ・ヂョは，ザ行のジ・ズ・ジャ・ジュ・ジョとそれぞれ同音である。

　ナ行子音は，ナ[na]・ニ[nʲi]・ヌ[nɯ]・ネ[ne]・ノ[no]・ニャ[nʲa]・ニュ[nʲɯ]・ニョ[nʲo]のように，[n]・[nʲ]で発音される。

　ハ行子音は，ハ[ha]・ヒ[çi]・フ[ɸɯ]・ヘ[he]・ホ[ho]・ヒャ[ça]・ヒュ[çɯ]・ヒョ[ço]のように，[h]・[ç]・[ɸ]で発音される。フは上下の唇の間で摩擦を起こすのが標準的であるが，口の中（軟口蓋のあたり）で摩擦を起こして，[xɯ]のように発音されることもある。バ行子音は，バ[ba]・ビ[bʲi]・ブ[bɯ]・ベ[be]・ボ[bo]・ビャ[bʲa]・ビュ[bʲɯ]・ビョ[bʲo]のように，[b]・[bʲ]で発音される。母音間では閉鎖が緩んで，摩擦音[β]・[βʲ]になることもある（あばく[aβakɯ]など）。パ行子音は，パ[pa]・ピ[pʲi]・プ[pɯ]・ペ[pe]・ポ[po]・ピャ[pʲa]・ピュ[pʲɯ]・ピョ[pʲo]のように，[p]・[pʲ]で発音される。

　マ行子音は，マ[ma]・ミ[mʲi]・ム[mɯ]・メ[me]・モ[mo]・ミャ[mʲa]・ミュ[mʲɯ]・ミョ[mʲo]のように，[m]・[mʲ]で発音される。

　ラ行子音は，先に述べたように，音声の現れ方に揺れ幅が大きいが，仮にはじき音[ɾ]で代表させると，ラ[ɾa]・リ[ɾʲi]・ル[ɾɯ]・レ[ɾe]・ロ

[ro]・リャ[rʲa]・リュ[rʲɯ]・リョ[rʲo]のように，[r]・[rʲ]で発音される。

ヤ行子音・ワ行子音は，ヤ[ja]・ユ[jɯ]・ヨ[jo]・ワ[wa]のように，[j]・[w]で発音される。日本語のワ行子音は，国際音声字母の[w]が意味するところの唇の丸めの強い子音ではないが，他に具合の良い記号がないので，仮にこれを用いる（[ɰ]が用いられることもある）。これらの音は，俗に半母音と呼ばれるが，音声学においては，接近音という子音に分類される。

（3）撥音・促音の発音

撥音「ン」・促音「ッ」の発音は，後続音によってさまざまに変化する。「さんばい（3倍）」[sambai]，「さんまい（3枚）」[sammai]などのように，後続音が両唇音[p]・[b]・[m]のときには，撥音は上下の唇を閉じた[m]で発音される。同様に「あんない（案内）」[annai]，「あんたい（安泰）」[antai]などのように，後続音が歯茎音[t]・[d]・[n]の場合には，撥音は前舌面を歯茎のあたりに付けた[n]で発音される。また，「あんこう（鮟鱇）」[aŋkoː]，「あんごう（暗号）」[aŋgoː]」などのように，後続音が軟口蓋音[k]・[g]の場合には，撥音は軟口蓋（口の奥の方）で閉鎖を形成する[ŋ]で発音される。つまり，後続音が破裂音・破擦音などのように，完全に閉鎖を形成して始まる子音の場合には，撥音は同器官的鼻音（国際音声字母で，同じ縦のグループに所属する鼻音）で発音される。後続音が母音・接近音（いわゆる半母音）・摩擦音のように，息の流れを完全には妨げない音である場合には，おおむね撥音は鼻母音で発音される。「ほんや（本屋）」[hoĩja]，「さんわ（3羽）」[saũwa]，「かんしゃ（感謝）」[kaĩɕa]など（実際には発音が不安定で，さまざまな鼻母音で発音される）がその例である。言い切り位置，後続音がない場合には，おおむね口蓋垂鼻音[ɴ]で発音されるが，これは他の音声で現れることも多

い。以上の撥音の多様な音声は，音節末に立つ鼻音というのが共通点である。促音は，音声表記する場合，「あっぱれ」[appare]，「あったか」[attaka]，「あっさり」[assaɾʲi]などのように，後続子音の記号を重複させて書くのが原則であるが，音声的性質は一様ではない。「あっさり」[assaɾʲi]の場合には，促音の部分においても[s]の摩擦が継続しているので，長子音と見なして[as:aɾʲi]のように書くこともある。「あっぱれ」[appare]，「あったか」[attaka]の場合も，[p]や[t]を2回発音するわけではなく，唇や舌の動きの回数は，「あぱれ」「あたか」を発音するときと同じく1回である。後続音が濁音の場合の促音，つまり「バッグ」「ベッド」のような外来語や，「ひっでえ」「やっべえ」のような，強調のために促音を挟み込んだ語形の場合の促音も，[baggɯ]，[beddo]，[çidde:]，[jabbe:]のように書かれる。音声記号の上では有声音の連続として表記されるが，実際の発音では，促音部において声帯振動がいったん停止することが多く，音声が明瞭に二つの部分に分割されている。

（4）母音の発音

　国際音声字母の母音は，広さが4段階に設定されているので，日本語の共通語のような五母音体系の言語を表記するのには向いていない。エ段母音・オ段母音は，それぞれ[e]・[ɛ]，[o]・[ɔ]の中間ぐらいの母音であるので，補助記号を用いて[ẹ]・[ọ]のように表記することになろうが，繁雑であるので[e]・[o]で済ませることが多い。そもそも母音の発音は，話す速度や前後の子音・母音の影響でかなりの幅を持って実現するので，必要以上に精密に表記しても不毛である。ア段母音についても，[a]・[ɑ]の中間で，かつ開口度はそれほど大きくないが，同様の事情で[a]で済ませることが多い。イ段母音は音声記号の[i]よりもやや緩く発音されるが，これも[i]で表記すれば良い。東京方言のウ段母音は，やや特殊

な母音であり，[u]のように唇を強く丸めるわけでもなく，唇を強く横に引く（張口）わけでもない，唇の形状のニュートラルな母音で，[u]や[ɯ]よりも中舌寄りの母音であるとされる。本書では，便宜的に，ス[sü]・ツ[tsü]・ズ[dzü~zü]の場合には[ü]，その他はク[kɯ]・ヌ[nɯ]・フ[ɸɯ]のように[ɯ]を用いて表記するが，特に必要のないときは，すべて[u]で表記しても構わない。なお，語頭位置のア行音は，[ʔa]・[ʔi]などのように声門閉鎖を伴うことが多い。

　東京方言の母音の特徴として，無声子音に挟まれた狭母音（イ段・ウ段母音）が無声化する（声帯の振動が停止する）ということがある。「きた（来た）」[kʲi̥ta]，「くさ（草）」[kɯ̥sa]，「ふた（蓋）」[ɸɯ̥ta]などがその例である。話す速度によっては，この無声化母音が完全に脱落することもある（「した（舌）」[ɕta]，「くし（櫛）」[kɕi]など）。また，言い切りの位置で，シ・ス・チ・ツの母音が脱落して，摩擦的要素で発音が終わることもある（「はし（箸）」[haɕ]，「です」[des]，「マッチ」[mattɕ]など）。

2. 音声と音素

　日本語に限らず，ある言語を音声表記する際，誠実に書き表そうとすればするほど，その音声表記は繁雑になっていくものである。しかし，それぞれの言語の話者にとって，そうした細かな発音の違いは意識されるものではないし，また多くの場合，その言語を学習する人にとってさえ，あまりに細かな発音の区別は不必要である。実際に耳で聞いて真似をした方が，早いし確実だからである。

　言語の音声を研究する際，細かな違いを観察・記述していく方向も大切であるが，具体的な音声が，その言語において果たしている機能に着目し，これを抽象化して捉えていく視点も必要である。その抽象化され

た単位を「音韻」または「音素」という（以下「音素」に統一する）。具体的な音声を［　］に挟んで表示するのに対し，音素は／／に挟んで表示するのが一般的である。

　日本語を母語とする者にとって，[-m]・[-n]・[-ŋ]などさまざまな「音声」で現れる撥音「ん」が，一つの音素であり，音声のバリエーションを聞き分ける必要がないことは自明なのであるが，そのような直観ではなく，客観的に音素を認定するために，さまざまな基準が考案されてきた。その方法には，さまざまな理論的立場が存在するのであるが，以下，多くの立場に共通すると思われる基本的な考え方を紹介しておく。

　たとえば，「かさ（傘）」[kasa]と「かた（肩）」[kata]という単語があるが，この場合[s]と[t]が入れ替わることによって，異なる知的意味を持った単語となる。このように，1単音のみが異なる単語等のペアをミニマルペア（最小対）という。このような最小対を基準に，音素／s／と／t／との対立が認定される。これに対し，知的意味の区別を生じさせないような音声の差は，（一定の条件を満たしていれば）一つの音素の異音と見なされる。「あぶない」[abunai~aβunai]における[b]・[β]などは，どちらで発音しても意味に区別は生じないし，十分に自然な日本語であるので，母音間での音素／b／の自由異音と呼ばれる。その一方で，ザ行子音を考えた場合，（便宜的に単純化すると）語頭位置・撥音の後では破擦音[dz]等，それ以外（つまり母音間）では摩擦音[z]等で現れる。これらは音声環境に応じて背反的に出現するので，[dz]と[z]とは相補分布の関係にあるといえる。かつ，これらの音声は，音声環境に影響された変異として説明可能であるので，これらの異音は，同一の音素／z／の条件異音であると表現される。

　以上のように，多様な音声を抽象化して音素を認定していくのであるが，音素の設定には，体系的な観点からの「解釈」という側面もある。

表 2-2　現代共通語の音韻体系

/'a,	'i,	'u,	'e,	'o,	'ja,	'ju,	'jo,	'wa,
ha,	hi,	hu,	he,	ho,	hja,	(hju,)	hjo,	
ka,	ki,	ku,	ke,	ko,	kja,	kju,	kjo,	
ga,	gi,	gu,	ge,	go,	gja,	gju,	gjo,	
sa,	si,	su,	se,	so,	sja,	sju,	sjo,	(sje,)
za,	zi,	zu,	ze,	zo,	zja,	zju,	zjo,	(zje,)
ta,	(ti,	tu,)	te,	to,		(tju,)		
(ca,)	ci,	cu,	(ce,	co,)	cja,	cju,	cjo,	(cje,)
da,	(di,	du,)	de,	do,		(dju,)		
na,	ni,	nu,	ne,	no,	nja,	nju,	njo,	
ra,	ri,	ru,	re,	ro,	rja,	rju,	rjo,	
pa,	pi,	pu,	pe,	po,	pja,	pju,	pjo,	
(ɸa,	ɸi,	—	ɸe,	ɸo,	—	ɸju,	—)	
ba,	bi,	bu,	be,	bo,	bja,	bju,	bjo,	
ma,	mi,	mu,	me,	mo,	mja,	(mju,)	mjo,	

N〈撥音〉, Q〈促音〉, R〈長音〉　　　　　　　　　　　　　　　　　　　　　　/

　先に述べたように，カ行音は，カ[ka]・キ[kʲi]・ク[kɯ]・ケ[ke]・コ[ko]・キャ[kʲa]・キュ[kʲɯ]・キョ[kʲo]であり，この音声表記によると，子音はカ・ク・ケ・コとキ・キャ・キュ・キョとの二つのグループに分かれる。しかし，体系的な見地から，キ[kʲi]の子音は母音[i]の影響で音素/k/が口蓋化した条件異音と見なし，拗音については音素/j/を導入し，三つの音素の結合したものと解釈する。結論としては，カ・キ・ク・ケ・コ・キャ・キュ・キョは，/ka, ki, ku, ke, ko, kja, kju, kjo/と解釈することになる（拗音の音韻論的解釈には，これと異なる考え方もある）。

　以上のような手順を踏んで導き出される，現代共通語の音韻体系は表2-2のようなものである（カッコ内は外来語・俗語などにのみ見られる音）。

3. 音節とモーラ

　すべての（音声）言語は音節（シラブル syllable）という単位を持って

おり，それは日本語の場合も同様である。英和辞典では，Ja・pan, A・mer・i・ca, Eng・land のように，見出しに音節境界の符号が書き込まれていることが多いが，英語のように研究の進んでいる言語であっても，音節の認定には多くの決着の付いていない問題がある。しかし，現代共通日本語の場合は，音節の認定に関して問題になるケースはほとんどない。その一方で，共通日本語においては，「音を数える単位」として，音節よりも小さい単位が存在する。たとえば「パンダ」/paɴda/[panda]の場合，音節は/paɴ/[pan]と/da/[da]とで2音節であるが，日本人ならば「パ・ン・ダ」と三つの単位に区切って，この語を把握する。この音節より小さい単位（音節に等しいこともある）をモーラと呼ぶ。つまり，パンダは2音節・3モーラの単語ということになる。なお，前節の表2-2「現代共通語の音韻体系」は，モーラを単位とした一覧表である。

　かつては，この2種類の単位のことを，それぞれ音声学的音節（シラブルのこと）・音韻論的音節（モーラのこと）と呼ぶことがあったが，この用語は紛らわしいので使わない方が良い。なぜなら，シラブルにも音声レベルでの把握と，音韻レベルでの把握があり，これらを音声的音節・音韻的音節（シラビーム）と呼んで区別することがあるからである。前出のパンダの場合，音声レベルで[pan]と[da]，音韻レベルで/paɴ/と/da/というように，結果的には同じことになるが，これがずれる場合が問題となる。たとえば文末の「です」「ます」は，しばしば[des]，[mas]のように音声的に1音節で発音されるが，音韻的には/desu/，/masu/で2音節である。この場合[s]と[sü]とが，/su/の当該環境での自由異音であるとみなされる。「くし（櫛）」[kɕi]，「とら（虎）」[tra]のような崩れた発音も，音声的には二重子音で始まる1音節と観察することも可能であるが，音韻的には/kusi/，/tora/で2音節である。「さとおや（里親）」と「さとうや（砂糖屋）」とは，[satoːja]のように発音されて聞き分け不

可能になることもあるが, 音韻的には/sato'o'ja/と/satoʀ'ja/とで, それぞれ4音節・3音節と明確に異なるものである。

　言語研究一般において, 何の説明もなく「音節」といった場合, 音韻レベルで把握した音韻的音節のことであるのが普通である。

4. アクセント

　現代共通語のアクセントは, 英語のような強さのアクセント (ストレスアクセント) ではなく, 高さのアクセント (ピッチアクセント) である。
　2モーラ名詞の「はし (箸・橋・端)」を考えてみよう。［ は声の上げ, ］は声の下げを意味する。

　　　［は］し (箸)・は［し］(橋)・は［し (端)

　橋と端は単独で発音すると聞き分け難いが, 後に助詞の「が」「を」などを付けると, 下がり目があるかないかの違いが明瞭になる。

　　　は［し］が (橋)・は［しが (端)

　1モーラ名詞については, 助詞を付けた形ではないと, 区別が難しいであろう。

　　　［ひ］が (火)・ひ［が (日)

　現代共通語の場合, アクセントの違いは語の意味の区別にそれほど重要な役割を果たしていない。たとえば, 単独では「［あ］め (雨)」「あ［め (飴)」のように, アクセントによって語が区別されているように思われても, 複合語になると,「あ［めも］よう (雨模様)」「あ［めも］よう (飴模様)」のように, 区別が消滅してしまうことがある。しかし, 雨と飴の部分の意味そのものが損われているわけではない。

　現代共通語の複合語アクセントは, 後項が全体のアクセントの決定権を有しており, 語の区別よりも, 語のまとまりを表示する機能に重点が置かれる。

表 2-3　アクセント型の対応

	語　例	東京方言	京都方言
1音節名詞	子・戸・柄・蚊など	○[▽	[○
	名・葉・日・藻など		[○]]～[○]▽
	木・手・絵・火など	[○]▽	[[○～○[▽
2音節名詞	庭・鳥・鼻・飴など	○[○▽	[○○
	橋・紙・歌・川など	○[○]▽	[○]○
	山・髪・花・耳など		
	船・松・箸・糸など	[○]○▽	○[○～○○[▽
	雨・猿・鶴・琴など		○[○]]～○[○]▽

～色（き[いろ・み[ずいろ・[おうどいろ・む[らさきいろ）
　→声の下げなし。
～駅（[つ]えき・み[と]えき・な[ごや]えき・よ[こはま]えき）
　→「え」の前に声の下げ。
～大学（ち[ばだ]いがく・い[わてだ]いがく・[ほうそうだ]いがく）
　→「だ」の後に声の下げ。

　共通語のアクセントと関西方言のアクセントとは，さまざまな点で異なる。しかし，個々の語のアクセントは，単語ごとにバラバラに決まっているわけではなく，アクセントのグループごとに，対応関係があるのが原則である（表2-3）。京都方言の[[○はやや伸ばしながら低→高に上昇，[○]]はやや伸ばしながら高→低と下降，無印は低く平らを意味する。▽は「が」「を」などの助詞である。

　その他の方言のアクセントも，同様の対応関係を持っている。これは，アクセントの歴史的変化が，単語ごとではなく，アクセントの型ごとに起こるのが原則であるため，方言ごとに異なる歴史的変化を経たアクセントが，現代において表2-3のような対応関係を見せるのである（第3章参照）。

3 | 日本語の音韻の変遷

肥爪周二

《目標＆ポイント》 日本語の音韻の変遷について概観する。アヤワ三行の変化・子音の変化の他，上代特殊仮名遣いの問題，音節構造の変化，アクセントの変化についても見ていく。音韻の変化が規則性を持っていることを理解する。
《キーワード》 音韻変化，上代特殊仮名遣い，音便，アクセント

1. アヤワ三行の変化・子音の変化

(1) アヤワ三行の統合

現代語の五十音図を見てみると，ヤ行・ワ行には空欄が多いことに気付く。ワ行のオ段には「ヲ」が書かれるが，これはア行の「オ」と同音であって，助詞「を」の表記以外には用いられない。しかし，平安時代（西暦900年頃）にさかのぼると，ヤ行に江[je]，ワ行にヰ[wi]・ヱ[we]・ヲ[wo]が存在したことが明らかにされており，五十音図的枠組みは，ヤ行のイ段・ワ行のウ段のみが空欄となるものであった（図3-1）。なお，歴史的仮名遣いにおいて，「エ・ゑ」はワ行エ段の仮名であり，ア行の[e]とヤ行の[je]とを区別するための文字は用意されていない。これは，歴史的仮名遣いが「いろは四十七文字」を基準にしており，文字が不足しているためである。本

〔現代共通語〕　　〔平安時代語〕
アイウエオ　←　アイウ衣オ
ヤ○ユ○ヨ　←　ヤ○ユ江ヨ
ワ○○○○　←　ワヰ○ヱヲ

図3-1　アヤワ三行の変化

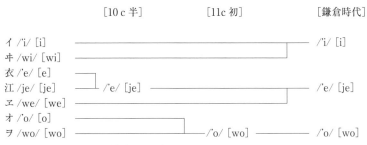

図 3-2　アヤワ三行統合の歴史

書ではア行に衣[e]，ヤ行に江[je]を用いて区別をする。

　ア行音の発音は，古代語においても声門閉鎖を伴い[ʔa]・[ʔi]のごとく発音されていた可能性があるが，具体的な裏付けを欠くため，以下の記述においては，声門閉鎖を伴わない形で音声表記を行う。

　イ段音について，語頭位置でのイ[i]・ヰ[wi]は，おおよそ鎌倉時代に入った頃には，[i]に統合されたと考えられている。エ段音について，衣[e]と江[je]とは，10世紀中頃に[je]に統合されたと推定され，さらに鎌倉時代に入った頃にヱ[we]との区別もなくなり，いずれも[je]となったと考えられている。現代語のように[ʔe]になったのは，江戸時代以降であり，かなり遅くまで（場合によっては明治に入っても）[je]のような音声が聞かれることもあったようである。方言では，現在でも[je]が聞かれることがある。オ段について，オ[o]とヲ[wo]とは，11世紀に入った頃に，[wo]に統合されたと推定されるが，これが現代語のように[ʔo]になったのは，やはり江戸時代以降である。

（2）子音の変化

　ハ行子音は，古く[p]であったと推定されている。つまり「はは（母）」は[papa]，「ふね（船）」は[pune]のように発音されていたと推定される。

実際には過去のハ行子音が[p]であったことを示す直接的な証拠は存在しないのであるが，バ行子音[b]との対応関係から[p]が推定復元される（内的再構）。その後，[p]は摩擦音化して[ɸ]（外来語のファ・フィ等の子音）に変化したことが明らかにされているが，その変化の時期は未詳である。すでに奈良時代8世紀に摩擦音化していたとする説もあれば，11世紀以降の変化と推定する説もある。これが現代語のように[h]・[ç]等に変化したのは，江戸時代以降のことである（フは現在でも[ɸɯ]が発音される）。室町末期のポルトガル人宣教師の日本語の記録では，まだハ行子音はfによって綴られている。

　また，歴史的仮名遣いにおいて，語頭以外の「はひふへほ」の仮名は，「かは[kawa]」「かひ[kai]」のようにワイウエオで読まれるが，これは，もともとは表記通りに[ɸa]・[ɸi]・[ɸu]・[ɸe]・[ɸo]と発音されていたものが，11世紀に入った頃にワ行音に変化して，[wa]・[wi]・[u]・[we]・[wo]となったことによる（ハ行転呼音）。その後，前述したようなワ行音の変化に沿って，これらの発音もア段の[wa]以外はア行音化していった。

　タ行子音は，古くはすべて破裂音[t]で，タ[ta]・チ[ti]・ツ[tu]・テ[te]・ト[to]であった。このうちチ・ツについては，15世紀頃に破擦音化して，[tɕi]・[tsu]へと変化した。濁音のダ行子音も同様にすべて（前鼻音化）破裂音[ⁿd]であったが，同じ頃にヂ[ⁿdi]・ヅ[ⁿdu]は破擦音化して，[ⁿdzi]・[ⁿdzu]へと変化した。この変化の結果として，ヂ・ヅはザ行のジ[zi]・ズ[zu]に音声的に接近し，江戸時代以降には，ジとヂ，ズとヅ（これらを「四つ仮名」という）の区別が消滅することになる。

　サ行・ザ行子音について，室町末期のエ段音が，現在でも九州地方の方言などに残っているように，セ[ɕe]・ゼ[ze]（現代語のシェ・ジェのような音）であったことが明らかにされているが，それよりも古い時代

のサ行音については，諸説あり決着が付いていない。サ行ア段のサについてだけでも，[sa]説，[ɕa]説，[tsa]説，[tɕa]説，これらのいくつかが異音として併用されていたとする説などが並び行われている。

　以上の他，濁音全般の問題として，濁子音は[ᵑg]・[ⁿdz]・[ⁿd]・[ᵐb]のように鼻音要素を前に伴うもの（前鼻音化子音）であったらしいことが知られている。この鼻音要素の消失には，行による遅速の差があり，ロドリゲス『日本大文典』(1604〜1608)では，原則としてガ行・ダ行の前にのみこの鼻音要素が表れると説明している。方言によっては，現在でも濁音の前の鼻音要素を部分的にとどめており，特に東北方言の大部分においては，すべての語中濁音が鼻音要素を保持している。伝統的な東京方言のガ行鼻濁音の子音[ŋ]も，この前鼻音化子音の末裔である。

2. 上代特殊仮名遣い

　『古事記』『日本書紀』『万葉集』などの上代文献に見られる万葉仮名を分析すると，五十音図的枠組みでは説明できないような，文字の使い分けがあることが知られる。たとえば，「雪」と「月」は，それぞれ「由企・由伎・由岐・由棄・由吉・遊吉」「都奇・追奇」のように表記されるが，ここで用いられる「キ」の仮名は，「雪」と「月」との間では互換性を持っていないのである。もう少し詳しく述べると，上代文献における「キ」の仮名は，「支岐伎吉棄枳企……」「紀貴奇騎綺寄記……」の二つのグループに分かれており，前者は「雪・秋・時・先・君」などの「キ」，後者は「月・木・霧・起き・あしひきの」などの「キ」に用いられている。これらの万葉仮名の中国漢字音や，上代日本語におけるさまざまな音韻現象を分析した結果，上代語には平安時代以降には失われてしまった発音の区別があり，その発音の違いに応じて万葉仮名が使い分けられていたということが明らかになった。この「キ」以外にも同様の万葉仮名の使い

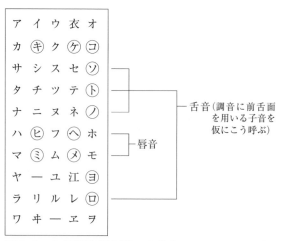

図 3-3 上代特殊仮名遣いの分布

分けは、ケ・ゲ・コ・ゴ・ソ・ゾ・ト・ド・ノ・ヒ・ビ・ヘ・ベ・ミ・メ・ヨ・ロ（『古事記』においてはモについても区別があったとされる）について指摘されており、これを五十音図上に表示すると、図 3-3 のようになる（対応する濁音は省略）。

2種類あった発音の区別（または万葉仮名のグループ）は、それぞれキの甲類・キの乙類などと呼ぶのが慣例となっている。それぞれがどのような音声であったかについては、さまざまに推定がなされているが、たとえば、有坂 (1955) の推定では、中国漢字音および後世との連続性を考慮し、以下のように、頭子音以外の部分の差であったとされている。

　　ア段 [-a]
　　イ段甲類 [-i]，イ段乙類 [-ï]
　　ウ段 [-u]
　　エ段甲類 [-e]，エ段乙類 [-ǝe] or [-ǝi]
　　オ段甲類 [-o]，オ段乙類 [-ö]

平安時代以降，以上のような音の区別は失われることになるが，コ（およびゴ）の甲乙2類については，平安初期にも区別が保たれており，西大寺本『金光明最勝王経（こんこうみょうさいしょうおうきょう）』平安初期点，『東大寺諷誦文稿（とうだいじふじゅもんこう）』，『新撰字鏡』など，いくつかの文献において，コの甲乙の区別が残っていることが指摘されている。

音声に関しては，その後の研究における推定も，上の有坂の推定と歩み寄りが不可能なほど相違することはないが，これを音韻論的にどう解釈するかについては，さまざまな考え方がある。甲類・乙類の区別が存するのは，イ段・エ段については「舌音以外」（アヤワ三行は除く），オ段については「唇音以外」（アワ二行は除く）という分布になっており，これらをより合理的に説明できる音韻論的解釈が望ましい。現在，上代語の音節は，一つの子音と一つの母音が組み合わさった CV 音節（C は子音，V は母音）のみを認めるのが一般的であり，イ段・エ段に関しては，子音の違い（口蓋化の有無），オ段に関しては母音の違いとする解釈が，共時分析としては合理性が高く有力である。口蓋化とは，子音を調音する段階で，前舌面が硬口蓋に向かって持ち上がること（≒母音イの構え）である。このような口蓋化の有無の差は，前舌面が子音そのものの調音に影響されにくい，非舌音の子音において区別しやすいとされる。オ段に関しては，甲類が奥舌母音，乙類が中舌母音と解釈されるが，モにおいて区別の消失が先行し，コ・ゴにおいて最後まで区別が保たれていたことから見て，対立解消の末期においては，甲類[-wo]，乙類[-o]のような音声に移行していたかと想像される。

3. 音便

上代語においては，一つの子音と一つの母音が組み合わさった CV 音節のみが存在したが，平安時代に入って，イ音便・ウ音便・撥音便・促

音便が発達した結果，二重母音を含む音節や，子音で終わる音節（閉音節）が現れた。上代特殊仮名遣いの消滅と，音便による音節構造の大転換は，日本語音韻史における，きわめて重大な事件であった。

(1) イ音便・ウ音便

「かきて＞かいて」「たかくして＞たかうして」のようなイ音便・ウ音便の結果，CVV 音節として，日本語に CVi・CVu という二重母音音節が許容されるようになった。和語における音便の結果として生じたこれらの音節は，漢字音における同様の二重母音（「海カイ」「高カウ」など）を，日本語の音韻体系に融和させ，漢語を日本社会に広く普及・定着させる，重要な前提条件の一つであったと考えられる。

このうち，後者の CVu 音節は，現代語に至るまでに，いずれも長母音化することになる。すなわち，カウ（高など）→コー，キウ（九など）→キュー，ケウ（教など）→キョー，コウ（口など）→コーのように変化が起こった。まず，ｅウとｉヨウの統合が，院政期頃に始まったと考えられる。この段階でｅウとｉヨウのどちらに統合されたのかは未詳であるものの，まだ長母音化はしていなかったと考えられる。続いて，ｉウがｉユウに変化する。直接的な証拠はないものの，南北朝時代頃に起こったと推定される（室町末期のキリシタン資料においては，変化は完了し，現代語と同様になっていると解される）。ａウとｏウは，江戸時代以降に統合されることになるが，その統合の直前，キリシタン資料においては，ａウは ǒ，ｏウは ô で表記されている（オ段長音の開合）。それぞれ[ɔː]，[oː]のような音声を表しているとされることもあるが，ロドリゲス『日本大文典』の説明は，むしろ後者を[ou]と理解すべきもののようである（豊島，1984）。つまり，CVu 音節がすべて長母音化するのは，江戸時代にａウとｏウとの区別がなくなった後ということになる。

表 3-1　二重母音の長母音化規則

第一母音	第二母音	前舌母音 (i)	奥舌母音 (u)
狭母音	前舌 (i)	iʀ	juʀ
	非前舌 (u)		uʀ
非狭母音	前舌 (e)	eʀ	joʀ
	非前舌 (a・o)		oʀ

　CVi 音節については，平安初期から現代に至るまで，おおむね安定しているが，江戸語のくだけた話し方においては，CVu 音節と同様に長母音化することがある。以下の用例は，式亭三馬『浮世風呂』(1809～1813)・『浮世床』(1813～1814) による。

　　/-ai/→/-eʀ/　せけへ（世界），てへそう（大層），はりゑへ（張合）
　　/-ui/→/-iʀ/　わりぃ（悪），あっちい（熱），いゝごん（遺言）
　　/-ei/→/-eʀ/　いせへ（威勢），てへし（亭主），ごこんれへ（御婚礼）
　　/-oi/→/-eʀ/　ふてへ（太），おとてへ（一昨日），おもしれへ（面白）

　CVi 音節の長母音化は，現代語のくだけた表現に継承されているが，形容詞末尾にほぼ限定される（たけえ・わりい・すげえ等）。

　以上の長母音化の規則を整理すると，表 3-1 のようになる。

(2) 撥音便・促音便

　撥音便・促音便が発達したことにより，日本語（和語）にも CVC 音節が許容されるようになった。日本語音韻史において特に注意すべきなのは撥音便である。現代語の撥音「ん」がさまざまな異音を内包する一つの音素である（第 2 章参照）のに対し，古代語（平安時代語）では，2 種類の撥音が音韻論的に区別されていたと考えられている（m 音便・n 音便）。

　m 音便とは，ビ・ミ・ヘ・モなどから変化した撥音であり，平安初期

から「ム」の仮名で表記するのが一般的であり，後続音に依存せず，音声的に[-m]に固定していたと考えられている。

　　勝フムタ（フミタより）　　　　　（『四分律行事鈔』平安初期点）
　　つむたる（ツミタルより）　　　　（青谿書屋本『土左日記』）
　　歴エラムテ（エラビテより）　　　（『漢書楊雄伝』天暦二年（948）点）
　　使ツカムマツル（ツカヘマツルより）
　　　　　　　　　　　　　　（『蘇悉地羯羅経略疏』天暦五年（951）点）
　　固ネムコロ（ネモコロより）　　　（『法華経玄賛』平安中期点）

後続音に制限はないため，尊敬の接頭辞「おほむ（御・オホミより）」は，「おほむありさま」「おほむいらへ」「おほむよろこび」（いずれも『源氏物語絵巻』）のように，アヤワ三行の前にも用いられる。「あそむ（朝臣・アソミより）」のように語末位置に立つこともあった。

　n音便とは，ニ・リなどから変化した撥音であり，後続音に依存せず，音声的に[-n]に固定していたと考えられている。古くは零表記（表記されない）であり，11世紀以降には「ン」（古くは一画でレのような符号）で表記された例も見えるようになるが，時代が下っても零表記が一般的であった。

　　蔵ヰ蕤スイトサカナリ（サカリナリより）
　　　　　　　　　　　　　　（『大唐三蔵玄奘法師表啓』平安初期点）
　　奈世无尓加（ナニセムニカより）　（『有年申文』貞観九年（867））
　　敦イカソ（イカニゾより）　　　　（『漢書楊雄伝』天暦二年（948）点）
　　足タンヌ（タリヌより）
　　　　　　　　　　　（『秘密曼荼羅大阿闍梨耶付法伝』康平三年（1060）点）
　　何ナンソ（ナニソより）　　　　　（『法華経遊意』承保四年（1077）点）
　　焉イツクンソ（イツクニゾより）
　　　　　　　　　　　　　　（『大慈恩寺三蔵法師伝』承徳三年（1099）点）

漢文訓読資料の用例においては，後続音はナ・ヌ・セ・ソなどの舌音（調音に前舌面を用いる子音を仮にこう呼ぶ）に大きく偏るが，「イカンガ＜イカニカ」「ダンモ＜ダニモ」のような舌音以外の例も少数ながら存在し，平仮名文献では「あべし＜あるべし」「あめり＜ありめり」のように後続音が唇音の例は珍しくない。ただし，後続音は鼻音性を持った音（ナ行音・マ行音・濁音）に限定され，語末に立つこともなかった。表記の面でも，次項の促音と並行関係にあるので，n 音便とされているものは，後続音が舌音のときに当該変化が起こりやすかっただけで，音声的には[-n]に固定されていなかった（促音と同様に，後続音に依存する性質を持っていた）とする考え方もある。
　以上の2種の撥音は，鎌倉時代に入ると区別が失われた。その結果，後続音に依存せずに，語末にも立つことのできる性質と，後続音に依存する性質とが共存する，現代語の撥音が形成されたと考えられる。
　促音便とは，チ・リなどから変化したものであり，音声的には，平安初期から，現代語の促音と同質のものであったと考えられている。後続音は，タ・テ・スなどの舌音行に偏り，この条件下で当該変化が起こりやすかったようである。古くは零表記であり，11世紀以降には，n 音便の撥音と同じく「ン」で表記された例も見えるようになるが，促音の場合は，かなり時代が下っても零表記が主流であった。ツの仮名による表記は，11世紀末頃から若干例が指摘できるが，一般化するのは，鎌倉時代中期以降である。

　　　令召ノタマフ（ノリタマフより）　（『金剛波若経集験記』平安初期点）
　　　妄ィツハテ（イツハリテより）　　（『地蔵十輪経』元慶七年（883）点）
　　　度ノトル（ノリトルより）　　　　（『漢書楊雄伝』天暦二年（948）点）
　　　因ヨテ（ヨリテより）　　　　　　（『法華義疏』長保四年（1002）点）
　　　昇ノホンテ（ノボリテより）（『金剛頂瑜伽経』康平六年（1063）点）

欲ホンス（ホリスより）　　　（『史記孝文本紀』延久五年（1073）点）

以上のような音便現象（イ音便・ウ音便・撥音便・促音便）においては，「鼻音性一致原則」とでもいうべき規則が存在する（この場合の鼻音性には濁子音が持っていた前鼻音要素も含まれる）。つまり音便や縮約を起こす前の音形が鼻音（ナ行音・マ行音・濁音）を含んでいる場合，音便を起こした後の音形にも鼻音（撥音・濁音）が含まれており，起こす前に含まれていない場合には，起こした後にも含まれないという原則である。「つぎて＞ついで」「かぐはし＞かうばし」「とびて＞とむで・とうで」「しにて＞しんで」のような音便現象において，きわめて厳格に守られていたルールであり，「からくして」のウ音便形も，古くは「からうして」と濁らなかった（Carŏxite『日葡辞書』）。これは，「いかにか＞いかが」「なにと＞など」「きぎし＞きじ（雉）」「かがふる＞かぶる（被）」のような音節縮約現象にも，共通して指摘できる原則である。

4. アクセントの変化

　母音や子音と同様に，アクセントも歴史的に変化する。京都方言のアクセントは，比較的，各時代の資料に恵まれており，歴史的変化の具体的経緯が，かなり詳しく解明されている。

　平安末期の京都アクセントは，後世のアクセントに比べて多彩な型を持った，複雑なものであった。1音節名詞・2音節名詞には，図3-4の

[コ（子）　　　[ナ]]（名）　　キ（木）　　[[ス（巣）
　　　　　　　　　　　　　　　　　　　　　[[ハ]）歯）
[ニワ（庭）　　[ニ]]ジ（虹）　ヤマ（山）　[[ユリ（百合）　フ[ネ（船）
　　　　　　　[ハ]シ（橋）　　　　　　　　[[ハ]ギ（脛）　ア[メ]]（雨）
　　　　　　　[ミゾ]]（溝）

図3-4　平安末期の1音節・2音節名詞のアクセント型

ような型が，文献資料から推定復元される。記号は，［ が声の上げ，［［ が拍内の上昇，］ が声の下げ，］］ が拍内の下降を意味する。たとえば，［○］○は高低の組み合わせ（現代共通語なら「箸」のアクセント），［○］］はやや伸ばしながら高→低の下降，［［○はやや伸ばしながら低→高の上昇，［［○］］はやや伸ばしながら上昇＋下降，○○は低く平ら，［○○は高く平らということである。

平安末期の段階で，［［○，［［○］］，［○］］○，［○○］］，[[○○，[[○]○は用例が僅少であり，鎌倉時代以降には，それぞれ原則として［○，[○]]，［○］○，[○○，[○○，[○]○に統合されるので，これ以外の型について，平安末期から現代に至るまでの京都方言のアクセントの変化を示すと表3-2のようになる。

アクセントは単語ごとにバラバラに変化するのではなく，原則として型ごとにまとまって変化する。そのため，歴史的に表3-2のような型の対応が見られるだけではなく，現代の方言間においても，第2章で言及したような型の対応が見られることになるのである。

また，平安時代には，［ツク］シ［テ］モ，タ［ケ］カラ［ヌ，のごとく，助詞・助動詞の多くはアクセントの独立性を保っていたとされるが，鎌倉

表3-2 アクセントの変遷

	語　例	平安末期	江戸初期	現代京都
1音節名詞	子・戸・柄・蚊など	[○	[○	[○
	名・葉・日・藻など	[○]]	[○]]	[○]]
	木・手・絵・火など	○	[[○	[[○
2音節名詞	庭・鳥・鼻・飴など	[○○	[○○	[○○
	橋・紙・歌・川など	[○]○	[○]○	[○]○
	山・髪・花・耳など	○○	[○]○	[○]○
	船・松・箸・糸など	○[○	○[○	○[○
	雨・猿・鶴・琴など	○[○]]	○[○]]	○[○]]

時代頃には，その独立性は失われた。また，複合動詞も［ヒ］キ［ヰ］ル，［ソ］ヒフ［ス，のように，それぞれの動詞のアクセントが維持されていたことが知られている。現代に至るまでの歴史的変化において，日本語のアクセントは，語の区別よりも，語のまとまりを表示する機能を，より強めていったと考えられる。

4 ｜日本語の音韻と外来語

肥爪周二

《**目標＆ポイント**》 他言語から日本語に移入された，外来語・漢語（字音語）の性質を，音韻の面から考察する。また，日本人なら直観的に分かる，外来語らしさ，字音語らしさの正体を，音韻の面から探る。
《**キーワード**》 外来語，あきま，漢語，字音語，漢字音，呉音，漢音，唐音

1．外来語の音韻

（1）外来語の受容

　世界のほとんどすべての言語は，多かれ少なかれ，他言語（他方言を含む）との接触により，語彙・文法・音韻など，さまざまな面において影響を受け，変化を蓄積してきたものであるといえる。まったく他の影響を受けずに，単線的に発達し続けてきた言語というものは，まず存在しないであろう。特に語彙に関してはそれが顕著であり，日本語の場合にも，固有の語彙である和語（これとて均質なものであるという保証はない）をベースとしながら，中国語から借用された漢語（以下，日本で独自に漢字を組み合わせた語も併せて「字音語」という），さらには，英語を中心とした欧米の言語などから借用された外来語（カタカナ語）などが，現代の言語生活において，欠くべからざる語彙群として機能している（第9章参照）。

　しかし，音声・音韻は，語彙や文法に比べて，接触した言語の影響を受けにくい要素であると考えられている。たとえば，どんなに英語起源

の外来語が日本語に氾濫しようとも，rとlの区別が日本語に普及することが当面ありそうにないことは，誰しも認めるところであろう。その一方で，ティ・トゥ・ファ・フィなど，それまでの日本語には存在しなかった音が，外来語の発音として，ごく普通に使われるようになってきているという事実もある。この二つの相反する事実は，どのように理解されるべきであろうか。

　英語の影響を受けなかった，つまり区別を放棄した上で受け入れた事象としては，[r] (IPA では[ɹ]～[ɻ])と[l]の区別の他に，[b]と[v]の区別，[s]と[θ]の区別，[si]と[ʃi]の区別，[hu]と[fu]の区別，一部の母音の区別などがある。日本語にもともと存在した形に変形した上で受け入れたものとしては，二重子音，そして大部分の音節末子音がある。

① 二重子音
　　star →スター，truck →トラック，box →ボックス
　　子音の間に母音/u/・/o/を挿入して2音節に分割する。

② 音節末子音
　　brush →ブラシ，book →ブック，bed →ベッド，
　　swim →スイム，song →ソング
　　子音の後に/i/・/u/・/o/を付加して開音節化する。

　以上の二つのタイプの受け入れ方は，いずれも日本語の音韻体系に影響を与えない受け入れ方であったことになる。

　これに対して，それまで日本語には存在しなかった（少なくとも和語・字音語において標準的ではなかった）音で，外来語音として一定以上普及しているものとしては，シェルター・ジェット・ティー・トゥデイ・ディスコ・ファン・フィルター・フェルト・フォーク・ウィンドー・ウェイト・ウォーターなどがある（第2章表2-2参照）。

　これらの音が受け入れ可能であったことに対する説明として，音素結

合の「あきま」を埋めるタイプの音は，相対的に定着しやすいという考え方がある．たとえば，現代共通語のタ行音は，和語・字音語に限ると，以下のように音素分析される．

/ ta,	○,	○,	te,	to,	○,	○,	○
タ			テ	ト			
○,	ci,	cu,	○,	○,	cja,	cju,	cjo /
	チ	ツ			チャ	チュ	チョ

この音素結合の「あきま」を埋めることになる，/ti/ティ・/tu/トゥ・/tju/テュ・/ca/ツァ・/ce/ツェ・/co/ツォなどの音は，日本語に受容されやすいと説明される．

これに対して，英語の[si]に対応するスィ[si]，[hu]に対応するホゥ[hɯ]のような音は，子音・母音自体はそれぞれ日本語に存在するので，音声の結合としては空欄になっているが，音素の結合として見た場合，すでに/si/の位置は「シ」[ɕi]，/hu/の位置は「フ」[ɸɯ]で埋められており，「あきま」が存在しないため，[si]・[hu]([hɯ])は，「シ」[ɕi]・「フ」[ɸɯ]と区別する形では，日本語には受け入れられにくいと説明される．

	サ	シ	ス	セ	ソ	シャ	シュ	ショ	シェ
/	sa,	si,	su,	se,	so,	sja,	sju,	sjo,	(sje) /
[	sa,	ɕi,	sɯ,	se,	so,	ɕa,	ɕɯ,	ɕo,	ɕe]
	ハ	ヒ	フ	ヘ	ホ	ヒャ	ヒュ	ヒョ	
/	ha,	hi,	hu,	he,	ho,	hja,	(hju,)	hjo	/
[	ha,	çi,	ɸɯ,	he,	ho,	ça,	çɯ,	ço	]

一方，[wi]・[we]・[wo]・[je]に対応する音の場合，現代共通語においては，/'wi/・/'we/・/'wo/・/'je/が，音素結合の「あきま」とは言い難い位置付けになるため事情が異なる（第2章表2-2参照）．ウィンドー，

ウェイト，ウォーターなどは，表記の上では「ウインドー」「ウエイト」「ウオーター」のような書き方が併用されており，発音自体にも差があるわけではない。その発音は，通常の1モーラよりも長めに発音され，短歌や俳句に詠み込むときには，2音扱いされることが多い。これらは，二重子音を2音節に分割して受け入れているのに準じて理解すべきものであろう。

その一方で，シェ・ジェ・チェなどは，音素結合の「あきま」に入るとは言い難い音であるにもかかわらず，現代日本語にごく安定的に1モーラで定着しているし，ファ・フィ・フェ・フォについても，同様のことがいえる。この「あきま」を基準とする説明は，一定の説得力は持つものの，万能なものではないということである。

いずれにしても，以上のような外来語音の受け入れによって，もともとあった日本語（和語・字音語）の発音が変化した（変化しつつある）ということはない。かつて，日本語のシの音を，英語の影響で[si]のごとく発音する人が出てきているといわれたこともあったが，結局は定着することもなく，一時的な流行に終わってしまったようである。つまるところ，外来語音の受容は，取り入れるものと取り入れないものをより分けて，既存の日本語音声に影響を与えないような範囲でのみ行われてきたということになろう。

（2）外来語らしさ

外来語の受容が，既存の日本語音声に影響を与えなかったとしても，現在の外来語が，それまでに存在しなかったタイプの音形の単語を，大量に日本語にもたらしているのは明白である。外来語は片仮名で書くのが原則であるため，文字に書かれた文章において，和語・字音語と紛れにくいのは，誰しも了解できよう。その一方で，知らない外来語を耳で

聞いても、すぐにそれが外来語と分かることが多いのも事実である。先に述べた、ティ・トゥ・ファ・フィのようなモーラは当然のことであるが、モーラより大きな単位である音節までも視野に入れると、さらに、和語・字音語らしくない、つまり外来語らしい音形を持った語が大量に普及したことが知られる。

　パ行音で始まる語は、オノマトペ（擬音語・擬態語）を除けば、外来語にしか存在しないのが原則である。「ぱしり（＜使いっ走り）」「ぽんしゅ（＜日本酒）」のような略語の場合には、和語・字音語でもパ行音で始まることがあるが、これはあえてルールから外れた語形を創出することにより、隠語的雰囲気を強める効果があるのであろう。

　意外に意識しにくいが、カー・サー・ターのようなア段長音は、和語・字音語には原則として存在しないものである（感動詞・オノマトペなどには存在するが、それ以外では「おかあさん」「おばあさん」ぐらいしかない）。したがって、サッカー・サービス・レジャーなどは、音形そのものが外来語らしさを持っている語ということになる。

　また、キャン・チュン・ションなどの、「拗音＋撥音」の音節も、シュン・ジュンの二つを除けば、和語・字音語には原則として存在しない。「ちゃんと」「ひょんな」「しょんべん（小便）」などは例外的であり、ビジョン・キャンドル・チャンスなどは、やはり音形そのものが外来語らしいといえそうである。

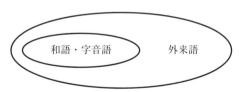

図 4-1　語種による音節バリエーション(1)

また，シュ・ジュ以外のウ段拗音も，和語・字音語には，キュー・チューなどのように長く伸ばす形でしかないので，キュロット・センチュリー・リュック・ビュッフェなどの短いウ段拗音も，外来語らしい音ということになる。

以上のように，外来語の受容により，日本語の音節のバリエーションは格段に増えた。和語・字音語の音節のバリエーションは，外来語の音節として潜在的に可能なものであると考えられるので，この関係は図4-1のように表わすことができよう。

2. 字音語（漢語）の音韻

（1）字音語の受容

漢字は，日本人が最初に知った文字であり，平仮名・片仮名も，漢字を元に作り出されたものである。漢字と同時に，それらによって表わされる漢語も日本に大量にもたらされ，日本語の歴史の各段階，さまざまな場面において重要な役割を果たしてきた。幕末・明治時代の西欧文化移入の際にも，西欧語は外来語としてそのまま受け入れるのではなく，字音語に翻訳されることが多かった。このような経緯もあり，現代日本語において使用されている単語の数（異なり語数）を新聞・雑誌等で調べてみると，字音語は，和語をも上回る存在感を持っていることが知られる（第9章参照）。

字音語の音形，つまり漢字音は，現在では，完全に日本語の音韻体系に融和しているが，それでも和語と字音語とでは，異なる音配列則・音韻規則に従っている部分が残っており，それが，現代の日本語話者が，直観的に和語と字音語を区別できる原因の一部となっている。前節で述べた「外来語らしさ」と同様に，「字音語らしさ」とでもいうべきものが，確かに存在するのである。字音語の音節のバリエーションは，和語の音

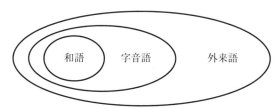

図 4-2　語種による音節バリエーション(2)

節のバリエーションを部分集合として含んでいると予想されるので，とりあえずは，外来語の音節のバリエーションを含めた3者の関係は，図4-2のように表わすことができよう。

　とはいっても，漢字音が日本に定着してから，かなりの時間がたっており，日本語の歴史的変化において，和語の音と漢字音とが協調して変化した場合と，それぞれが異なる対応をした場合とが出てくるなど，和語と字音語との関係は，図4-2のような単純な図式では片付かないケースも出てきている。また，「いそいで」「ふとい」など，和語にはごく普通に存在する二重母音/-oi/が，漢字音には存在しないという，やや意外な事実もある。そこでまず，漢字音受容の歴史を概観してみることにしよう。

（2）呉音と漢音

　日本漢字音は，主要なものだけでも，呉音・漢音という二つの層から成り立っている。「ダンジキ（断食）」と「ショクヒン（食品）」，「キョウモン（経文）」と「サクブン（作文）」（ともに前者が呉音，後者が漢音）などのように，漢字そのものの意味にはかかわりなく，単語によってどちらが使われるかが決まっているという，考えようによっては，きわめて不経済なシステムが採用されているのである。「悪」の字が，「わるい」の意のときはアク，「にくむ」の意のときにはオ（ヲ），というように，

意味に応じて音が異なることは，中国漢字音においてもあるのだが，日本漢字音のような，意味の区別にかかわらない形の多音併用は，朝鮮漢字音やベトナム漢字音などの外国漢字音（域外漢字音）には原則として見られないものである。中国においては，方言と共通語の併用という形での多音併用はあり得るが，日本漢字音における呉音・漢音の混在とは，かなり性質が異なるものである。

　漢音は，主に唐代の長安方言に基づいた漢字音である。古くは，日本漢字音の一種というよりも，中国語そのものと認識されており，「正音」と呼ばれていた。これに対して，漢音以前に日本に普及していた漢字音が呉音であり，「正音」との対比において，日本化した漢字音という意味で，「和音」と呼ばれた。特に仏教の世界で組織的に使用され続けたため，現在でも仏教関係の語彙を中心に，多くの呉音読みの字音語が存在している。呉音がどのような中国原音に基づいたものなのかは未詳の点が多いが，中国南方方言に由来するものや，朝鮮半島（主に百済）の漢字音の影響を受けたものなどが混在した，非均質的なものであると考えられている。いずれにしても，一般の日本人にとっては，二つある読み方のうち，どちらが呉音でどちらが漢音であるのかなど分からないし，どうでも良いことであるから，「ゲンゴ（言語）〈漢＋呉〉」「オンセイ（音声）〈呉＋漢〉」「ガクセイ（学生）〈呉＋漢〉」等々，呉音・漢音が混じた字音語も多く普及することになった。

　呉音と漢音は，さまざまな点で異なるが，区別する基準として，比較的分かりやすい対応関係を以下に挙げる（歴史的な仮名遣いによる）。

① 呉音〈濁音〉―漢音〈清音〉
　　強（ガウ―キヤウ）・行（ギヤウ―カウ）・郷（ガウ―キヤウ）
　　食（ジキ―シヨク）・存（ゾン―ソン）・城（ジヤウ―セイ）
　　大（ダイ―タイ）・治（ヂ―チ）・弟（デ・ダイ―テイ）

分（ブン―フン）・病（ビヤウ・ヘイ）・白（ビヤク―ハク）
② 呉音〈鼻音〉―漢音〈濁音〉
日（ニチ―ジツ）・然（ネン―ゼン）・人（ニン―ジン）
男（ナン―ダン）・内（ナイ―ダイ）・奴（ヌ―ド）
木（モク―ボク）・万（マン―バン）・米（マイ―ベイ）

①は唐代長安方言における，[g]→[kʰ～k]のような全濁声母の無声化傾向を，漢音が反映したものであり，②は同様に唐代長安方言における，[m]→[mᵇ]のような鼻音声母の非鼻音化現象を，漢音が反映したものである。

近代以降の外来語と同様に，日本語には存在しない中国語の発音の区別は，受け入れ可能なものと不可能なものとをより分けて，日本漢字音に受容されることになった。[p]と[pʰ]のような無気音・有気音の区別や，細かな母音の差異が，日本漢字音に反映されることがなかったのは，現代語の感覚からも理解できようが，kとhの区別，摩擦音（s・ʃ等）と破擦音（ts・tʃ等）の区別もまた，日本漢字音においては放棄されている。それは，漢字音を受け入れた当時の日本語においては，ハ行子音はいまだ[p]～[ɸ]であって，[h]に変化しておらず，チ・ツも[ti]・[tu]であったため，中国語のhはカ行音で，ts・tʃはサ行音で写されることになったからである。

固有の和語には存在しなかったにもかかわらず，漢字音として受け入れられた事象として，開拗音・合拗音がある。開拗音（キャ・シャ・チャの類）については，現在では完全に日本語に定着し，直音の「カ・サ・タ」等と同じ重みを持ったモーラとして機能しているが，当初からそのように受容できていたか否かについては見解が分かれている。つまり，現代の外来語音，ウィ・ウェ・ウォなどのように，他の1モーラより重く，（表記通りに）キ＋ヤ，キ＋ヨのように，2音節に近い形で発音され

ていた時期があったのではないか，とする立場もあるのである。少なくとも，「すれば→すりゃあ」「きうり→きゅうり」「せをう→しょう（背負）」のように，音節の融合の結果として，和語にまで拗音が侵食するようになるのは，南北朝時代以降のようである。合拗音は，平安時代にはカ行・ガ行のクワ・クヰ・クヱ・グワ・グヰ・グヱがあったが，クワ・グワを除いて，鎌倉時代以降には残らなかった。クワ・グワについては，江戸時代以降も維持され，方言によっては，現在でもこの合拗音クワ・グワが残っている。漢音の場合，この他にスヰン・シヰツ・チヰン・ツヰチ等，サ行・タ行の合拗音が行われたが，それは一部の知識人層が中国語学習の成果として習得したものであって，一般には普及しなかったようである。

　音節末鼻音の-mと-nの区別は，平安時代にはおおむねム・ンで書き分けられていたが，鎌倉時代以降は撥音「ン」として一つに統合されることになる。この点，英語などからの外来語が，swim→スイム，twin→ツインのように，-mと-nの区別がムとンで安定的に対立しているのと異なる。-ŋは，現代の日本漢字音では，「京（キヤウ・ケイ）」「郷（ガウ・キヤウ）」のようにウ・イで写されており，鼻音性を持っていないが，古くは鼻母音[-ū]・[-ī]で発音されていたらしい。表記の上でも，「ウレ」「⌒」「レ」「>」など，母音韻尾-u・-iと区別するためにさまざまな符号が工夫・使用されることがあった。これも鎌倉時代に入った頃には，鼻音性を失って，母音韻尾との区別が消滅した。

	[漢字音]		[外来語]
-m	ム	┐	ム
-n	ン	→ン	ン
-ŋ	ウ[-ū] —→ ウ[-u]		ング
	イ[-ī] —→ イ[-i]		

（3）漢字音らしさ

　音節のバリエーションという意味では，呉音と漢音とに大きな違いはないので，以下，呉音・漢音を区別をせずに，「漢字音らしさ」の問題を考えていく（現代語においては，外来語の音節のバリエーションが，漢字音のそれを含み込んでいるので，正確には，「和語らしくなさ」ということになる）。

　まず最初に確認しておきたいのが，和語の頭音法則である。もともとの日本語には，濁音やラ行音で始まる語は存在しなかったと考えられているが，漢字音にはそれがごく普通に存在する。歴史的変化の結果，和語においても「でる」「だく」「ばら」「どれ」「どける」「ぶつ」「がなる」「どなる」「ばれる」等々，濁音で始まる語がかなり増えているが，それでも，濁音で始まる語は，依然として漢字音らしさをまとっているといえそうである。一方，ラ行音で始まる和語は，現代語においても，基本的には存在しないといえる（例外は「るつぼ」ぐらいであろう）。

　すでに述べたように，もともとの和語には拗音が存在せず，日本語に拗音が定着したのは漢字音によるものであった。しかし和語においても，eウ→iヨウ，iウ→iユウの変化の結果として，あるいは前述したような音節の融合の結果として拗音が生じており，拗音そのものは漢字音らしさの指標とは言い難くなっている。しかし，以上のような経緯で生じた拗音は，原則として長母音と組み合わさっているので，「キャ」「キョ」「シャ」のような伸ばさない拗音は，「漢字音らしさ」の指標となるものであろう。もちろん，和語にも「しょわない（＜背負わない）」「おもちゃ（＜おもてあそび）」「ひょっとこ（＜火男）」のように伸ばさない拗音がないわけではないが，これらは和語らしくない音形の語ということである。

　第3章で扱ったように，平安時代以降，和語にもCVV音節（二重母音

音節)・CVC 音節（閉音節）が許容されるようになった。このような 2 モーラの音節のことを重音節と呼ぶ。裏を返せば，字音語に関しては，それ以前からこのタイプの音節がごく普通に存在していたということである。和語における重音節は，音便現象の結果として生じたものが多くを占めるため，重音節の出現する位置には偏りがあり，特に重音節が二つ連続することはまれである。そのような音連続は，字音語らしい響きを帯びることになる。だからこそ，「すいがい（透垣）」「こうがい（笄・髪掻）」「こうごうしい（神々）」のような重音節の連続する和語は，字音語であると誤認されやすいのであろう。

(4) 唐音

　以上の解説においては，唐音の問題を棚上げしていたので，最後に唐音について補足しておく。

　一般に，唐音と呼ばれるのは，平安時代中期から江戸時代末期までの長い期間にわたって日本にもたらされた，呉音や漢音よりも新しい特徴を持った漢字音の総称である。明治時代以降に日本に入ってきたものは，外来語の一種の「中国語」として扱い，日本漢字音としての唐音からは除外するのが慣例である。唐音の主要なものとしては，中世唐音と近世唐音とを挙げることができる（この場合の中世・近世とは，日本における政治史の時代区分である）。中世唐音は，禅宗（臨済宗・曹洞宗）において用いられたもので，南宋末〜明初の浙江地方音を反映したものとされる。現在でも日常的に用いられている唐音語は，おおむね禅宗から広まったもので，中世唐音によっているものが多い。近世唐音は，江戸時代以降に渡来した新しい唐音で，黄檗宗の僧侶や岡島冠山，文雄などの中国語学者に使用されたものである。明末〜清初の杭州音や南京官話を母胎にしていると考えられる。

現代における唐音読みの語は，時代の変遷とともに，そのもの自体になじみがなくなっているものや，漢字と結び付かず，仮名で書かれるのが一般的になっている語が多い。漢字の音としての唐音は，急速に日本語における存在感を弱めつつあるのが現状である。
① 現代の生活においてなじみがなくなっている唐音語
　　行灯（アンドン），提灯（チョウチン），炭団（タドン），行脚（アンギャ），水団（スイトン）
② 仮名で書かれるのが一般的になっている唐音語
　　まんじゅう（饅頭），こたつ（炬燵・火燵），ふとん（蒲団），のれん（暖簾），ひょうきん（剽軽），しっぺ返し（竹箆），けんちん汁（巻繊），ほうれん草（菠薐）

「餡（アン）」「瓶（ビン）」「普請（フシン）」「銀杏（ギンナン）」「椅子（イス）」「喫茶（キッサ）」等々，現代語にしっかりと根付いている唐音語もあるが，音形の観点からすると，呉音・漢音と異質なものは，ほとんど残っていない。中世唐音には，共（キュン）・隆（リュン）・凶（ヒョン）・旭（キュ）・玉（ニュ）・緑（リュ）のような，呉音・漢音にはない音形のものがあったし，近世唐音ではさらに，強（キャン）・香（ヒャン）・君（キュン）・倫（リュン）・弓（キョン）・中（チョン）・皆（キャイ）・書（シュイ）・女（ニュイ）・詐（ツァ）・租（ツォ）・背（ポイ）・本（ポエン）・絹（キュエン）・壮（チュアン）等々，多様な音形のバリエーションを拾い出すことができ，現代の外来語の場合よりも複雑な面さえある。しかしながら，これらの音形を含んだ唐音語が現代に残らなかった以上，日本語音韻史の面から見ると，唐音が現代語の音節のバリエーションに与えた影響は，ほぼ皆無であるといわざるを得ないのである。

5 | 日本語の文とその構造

金水　敏

《**目標＆ポイント**》　日本語の文にはどのような種類があるか。また，日本語の文はどのように成り立っているか。主語，目的語，述語，主題などと呼ばれている要素のあり方について詳しく述べる。
《**キーワード**》　語順，省略，文の種類，主語，格，目的語，主題，自動詞，他動詞，動態叙述，静態叙述，従属節，主節，南の四段階説，ヴォイス

1. 学校文法からちょっと踏み出す

　本書第5章〜第7章で取り扱う文法は，いわゆる学校文法とはやや異なる見方をとるので，その違いについて述べておきたい。

　学校文法は，橋本進吉の唱えた文節文法（橋本，1948 など）に基づいており，「文節」と呼ばれる単位に基づいて構文論が組み立てられている。たとえば，次の文例では縦棒「｜」が文節の切れ目となる。

　　お母さんが｜きのう｜パンを｜買った。

　さらに，文節内部は一語でも文節を作れる自立語と，他の自立語や付属語に接続しなければ文節を作れない付属語に分かれる。上の例では，「お母さん」「きのう」「パン」「買う」が自立語であり，「が」「を」「た」が付属語となる。

　さらに，統語的な関係は，文節同士の係り受けによって分析される。「お母さんが」は「買った」に対して"主語・述語"の関係で係る。「きのう」「パンを」は「買った」に対して"連用修飾"の関係で係る。文節

文法は,「文節」という日本語の音声・形態面で非常に自然な単位をもとにしているので,直感的に捉えやすく,分析もしやすい面がある。

しかし,意味の相互関係を考えたたとえば「パンを」と「買う」の関係は,「パンを買った」「パンを買う」「パンを買え」のように,「買う」の時制や用法と関係なく結ばれるのに対し,「きのう」と「買った」の関係は,「た」まで含めた「買った」との間で結ばれると考えるべきで,両者の違いが文節同士の係り受けでは見えてこない。

本書第5章〜第6章ではこのような見地から,あえて部分的に文節を越えた分析をとることとなる。特に,動詞や形容詞等に接続する助動詞・助詞の類の分析が,学校文法と大きく異なる点に注目されたい。

2. 話し言葉と書き言葉

日本語は,語順が比較的自由である。次の例を見られたい。
　　ネコが　　ネズミを　　必死で　　追いかけた
　　ネズミを　ネコが　　　必死で　　追いかけた
　　必死で　　ネコが　　　ネズミを　追いかけた
また,要素の省略もかなり自由に行える（φは成分の省略を表す）。
　　ネコが　ネズミを　　必死で　　追いかけた
　　　φ　　ネズミを　　必死で　　追いかけた
　　　φ　　　φ　　　　必死で　　追いかけた
　　　φ　　　φ　　　　　φ　　　追いかけた
述語の部分が省略されることもあり,これを特に「未展開文」と呼ぶ。
　　先生は？
　　肉！
　　300円ならあるけど
ただし,話し言葉と書き言葉では,その度合いに違いがある。書き言

葉では比較的語順が一定で，省略も最小限にとどめられる傾向がある。また書き言葉では，語順に変更があっても述語の後ろに主語や目的語等が置かれることはまれだが，話し言葉ではよくある。

　　これだよ，買ってきたの，昨日　（昨日買ってきたのはこれだよ）

さらに，書き言葉では，いくつかの例外を除いて名詞の後ろには「が」「を」「に」「は」「だけ」等の助詞が付加されることを原則とするが，話し言葉では助詞のない名詞句がしばしば用いられる。

・書き言葉の例：私は昨日，お寺に行ってきた
・話し言葉の例：私φ昨日，お寺φ行ってきた

以後は，書き言葉を中心に，また要素の省略を最小限とする条件で文の構造を考えていく。

3．動態叙述文と静態叙述文

文の構造は，述語が動詞で変化や運動を表す「動態叙述文」の場合と，述語が形容詞や形容動詞などで属性や状態等を表す「静態叙述文」の場合とで異なる面がある。まず動態叙述文について見ていく。

（1）自動詞と他動詞

ほとんどすべての動詞では，変化や運動の主体を「～が」という形式で表すことができる。また一部の動詞では，運動や動作の及ぶ対象，動作の結果が生じる対象などを「～を」という形式で表すことができる。「～が」「～を」両方を持つことができる動詞を「他動詞」，「～が」は持てるが「～を」を持てない動詞を「自動詞」と呼ぶ。「～が」を主格名詞句，「～を」を対格名詞句と呼び，「が」「を」はそれぞれ主格助詞，対格助詞と呼ばれる。また動詞述語に対して主格名詞句が表す機能を「主語」と呼ぶことがあり，また対格名詞句が表す機能を「目的語」と呼ぶこと

がある。

　動詞の中には，形がよく似ている（語根が共通の）自動詞と他動詞の組がたくさん存在する。これを自他対応という。

　　　　　　糸が　　切れる　（自動詞）
　　人が　　糸を　　切る　　（他動詞）
　　　　　　汚れが　落ちる　（自動詞）
　　洗剤が　汚れを　落とす　（他動詞）

なお，自他対応をしない「無対自動詞」「無対他動詞」も多く存在する。

（2）「～は」と主題化

　さて，「～は」の形の要素も「主語」と呼ぶ場合があるが，「は」の主たる機能は，要素を「主題化」する点にある。主題とは，「それについて語る対象」というほどの意味である。次の例が示すように，主語が主題化されることもあるし，目的語が主題化されることもある。

　　洗剤は　汚れを　落とす　（主語が主題化されている）
　　汚れは　洗剤が　落とす　（目的語が主題化されている）

　このように，「は」が持つ機能は格助詞とは異なるものであり，その点から「取り立て助詞」あるいは「係助詞」と呼ばれるのである。

（3）与格「～に」とその他の格

　動詞の中には，移動や授与の行き先・相手を「～に」で表すものがある。この「～に」を「与格名詞句」と呼ぶ。「に」は与格助詞である。与格名詞句は「（与格）目的語」を表す。

　　母が　子どもに　ミルクを　与える

　なお，次のような「～に」は出どころを表すものや，使役文（後述）の動作主を表すものもあるが，便宜的に与格名詞句と考えておく。

子どもが　母に　　　ミルクを　もらう　（母＝出どころ）
　　母が　　　子どもに　勉強を　　させる　（子ども＝動作主）
　また，「〜に」には次のように場所を表す用法があるが，これは与格とは区別しておく。この用法は「ある」「いる」や「咲いている」「立っている」など，述語が存在を表す場合に限られる。

　　机の上に　本が　ある

　その他，格助詞には，「へ」（目的地）「から」（出どころ）「より」（出どころ・比較の対象）「で」（運動の場所・範囲）等がある。「〜に」を含め，これらの格助詞を持つ要素は，主題化されるとき，格助詞の後に「は」が付加される。

　　机の上には　本が　　　　　ある
　　幕張駅へは　この電車が　　早くなります
　　来年からは　このカードが　使えるようになります
　　私よりは　　あなたの方が　早く着くでしょう
　　東京では　　こんな店が　　流行っている

　動態叙述文は，述語動詞と，以上のような格成分（主格，対格，与格，その他の格）と，さまざまな副詞成分とから成り立つ。

（4）静態叙述文概観

　静態叙述文は，形容詞，形容動詞，一部の動詞，名詞述語（名詞＋指定の助動詞）を述語として持つ。対象の属性や所属を表したり，一時的状態を表したり，一致関係を表したりする。特に恒常的な属性を表す文では，主格名詞句より「〜は」による主題が多く用いられる。
　次の例は，恒常的な属性を表している。

　　地球は　丸い

　次の例は，主語の所属する集合を述語が表している。

紫式部は　源氏物語の作者である

「好きだ」「嫌いだ」など，静態叙述文が対格名詞句を格成分として持つことが，まれにある。

　　私は　魚を　嫌いだ

次のような文は二重主語文と呼ばれる。

　　象は　鼻が　長い

「象は」は主題化されているが，次のように従属節にすると，主格名詞句であることが分かる。

　　象が鼻が長いことは誰でも知っている。

「象は（象が）」を大主語，「鼻が」を小主語と呼ぶことがある。

　主格，対格の他，時間を表す名詞的表現，時間の範囲を表す「～から」「～まで」，空間的な領域を表す「～で」，評価の基準を表す「～に」等の格成分（格を持った名詞句）を持つ場合がある。

　　朝から外が明るい。
　　その服装は通学にふさわしくない。
　　山では桜が満開だ。

（5）形容詞・形容動詞文

　形容詞・形容動詞文（以下，単に形容詞文とする）はいくつかの観点から分類することができる。

　一つは状態・評価形容詞，感情形容詞の別である。状態・評価形容詞は知覚可能な刺激やさまざまな観点からの評価結果を表現する形容詞であり，感情形容詞は内的な感情，感覚を表現する形容詞である。前者は，知覚の源泉である対象や評価の対象が主格で表現される。主題化されることも多い。

　　月が美しい。

先生は誰にでも公平だ。

　感情形容詞は，感情の主体が主格「〜が」または「〜に」で表される。主題化されたり，省略されたりすることも多い。感情・感覚の源泉が主格で表されることも多い。

　私（に）はまんじゅうが恐い。

「好きだ」「嫌いだ」「欲しい」など，一部の形容詞ではまれに感情・感覚の対象が対格「〜を」で表されることもある。

　私が納豆を嫌いなことは知っているでしょう。

「動詞＋たい」「動詞＋て欲しい」の形式は，動詞の格体制と感情形容詞文の格体制が混成された形式で現れる。

　私はビール{が／を}飲みたい。

　感情形容詞文は，非過去形では，小説の地の文など一部の文体を除いて，一人称以外の主語をとりにくい。

　{私は／??あなたは／??山田さんは}　気分が悪い。

＊用例の頭に付けられた「＊」「？」「??」などの記号は，文法上の適格性を表す。「＊」は日本語として理解不能であること，「？」「??」は特殊な文脈がない限り表れにくく，受け入れにくいことを表す。「？」と「??」は受け入れにくさの程度の違いを示す。

　形容詞文は，恒常的状態と一時的状態の観点から分類されることもある。後者は「今」「昨日」「明日から」等の時間表現となじみやすいが，前者はそうではない。

　？富士山は今神々しい。

　私は今忙しい。

（6）名詞述語文

　「名詞＋指定の形式」という形式を述語とする文を名詞述語文という。

指定の形式は「〜だ」「〜である」「〜です」「〜でございます」等で，コピュラ（繋辞）ともいう。指定の形式は省略されることもある。特に指定の形式を省略した名詞述語文は女性話者の発話を想起させやすい。

　　今日はいい天気 {φ／よ／ね}

名詞述語文を，仮に「包摂・一致文」「ウナギ文」「疑似分裂文」「人魚構文」に分類しておく。

包摂・一致文は「AがBだ」（主題化されて「AはBだ」）という形式で，AとBの論理的な包摂関係あるいは一致関係を表すものである。Bの名詞句の種類を意味的な観点から「非指示的名詞句」「指示的名詞句」に分けて考えることとする。「非指示的名詞句」はさらに「叙述名詞句」と「変項名詞句」に分けられる。叙述名詞は「山」「馬」「人」など，一定の属性を持った対象の集合を表す。Bの位置には，連体修飾を伴ってより限定された集合を示すことも多い。

　　田中さんは元気な人だ。（「人」が叙述名詞）

　　あそこはおいしいお店だ。（「お店」が叙述名詞）

この構文は，形容詞文に近い性質を持つ。

変項名詞句は，「{誰／何／どこ}がBであるか」ということを問う疑問文に相当する名詞句で，「(特定の作品の) 作者」「(誰かの) 妻」「(ある事件の) 犯人」などがある。Aの名詞はBによって表される特定の役割を担う個体や種類（集合）を表す。

　　紫式部が源氏物語の作者だ。（「作者」が変項名詞）

　　広島がカキ料理の本場だ。（「本場」が変項名詞）

Bが指示的名詞である文は，Aの名詞句の指示対象との一致関係を表す。

　　あの元気そうな人は田中さんだ。（「田中さん」が指示的名詞）

　　広島の名物はカキだ。（「カキ」が指示的名詞）

特に「広島の名物はカキだ」と「カキが広島の名物だ」は，意味がほぼ同一で「カキ」が焦点（課題に対する答え）となっている（「広島の名物」は変項名詞句である）。つまり，「広島の名物は何か」という課題が先行文脈上にあって，それに対する答えがこの2文であるということになる。

次にウナギ文とは，次のようなものである。

（食堂で順番に自分の注文を発表する場面で）

僕はうなぎだ。

（結婚・出産した姉妹のそれぞれの子どもの性別について話している場面で）

お姉さんは男の子ですね。

これらの文は，次のような動詞文の述語（下線部）を削除した文であると考えることができる。

僕はうなぎを<u>注文する</u>。

お姉さんは男の子を<u>お生み</u>になったのですね。

疑似分裂文は，動詞文から焦点となる名詞句を除いて，連体助詞「の」によって名詞化・主題化し，焦点の名詞句を述語とするものである。

（もとの動詞文「田中さんは1950年に生まれた。」）

田中さんが生まれたのは1950年だ。

ウナギ文も疑似分裂文も，焦点を明示する形式であるといえる。

（7）その他の静態叙述文

動詞の大部分は，時間に沿った変化・動作を表すが，一部の動詞は存在や状態をもっぱら表す。一つは「静態動詞」というべきもので，「ある」「居る」「要る」などである。

机の上に本が<u>ある</u>。

僕と君とは違う。
　また，もっぱら「～ている（てる）」を付けて用いる動詞で，第四種動詞（金田一，1976）と呼ばれるものがある。
　私は母に似ているといわれる。
　背後には六甲山がそびえている。
　通常の変化を表す動詞でも，「～ている（てる）」を付加して属性を表す場合がある。
　エビは腰が曲がっている。
　羊の蹄は割れている。
　さらに，動詞によって習慣を表す場合は，属性を叙述する文に相当する。
　田中さんは毎朝7時に起きる。
　人魚構文は，次のような文である。
　田中さんは明日3時に出発する予定だ。
　この文では，「田中さんは明日3時に出発する」までは動詞文だが，その後，名詞「予定」に係り，名詞述語文として終わっている。頭としっぽが別の類型，という意味で，頭が人間でしっぽが魚の人魚になぞらえ，人魚構文（角田，2012）という。この種の文型で文末に用いられる名詞には，「計画／つもり／塩梅／ところ／手はず／考え」等の抽象名詞がある。世界の言語では例が少ないが，日本語では大変使用頻度が高い。

4．従属節

　文は単一の節からなるものだけでなく，小さな節を内に含んでより複雑な構造を持つものがある。文の中に含まれる節を従属節と呼び，それらを含む大きな節を主節と呼ぶこととする。従属節には次のようなものがある。

- 名詞節
  - 連体修飾節：<u>母が昨日買ってきた</u>パンを食べた。
  - 準体節：<u>肉を野菜で巻いたの</u>を食べた。
- 副詞節
  - 様態：<u>新聞を読みながら</u>朝食を食べる。
  - 手段・方法：<u>狙いをすませて</u>矢を射る。
  - 目的・目標：<u>ものが落ちないように</u>しっかり止める。
  - 原因・理由：<u>おなかがすいたから</u>ごはんにしよう。
    <u>時間がないので</u>これくらいにします。
  - 条件：<u>ふりむくと</u>君がいた。
    <u>20歳になれば</u>酒が飲める。
    <u>母がこれを知ったら</u>喜ぶよ。
    <u>そんなにいうなら</u>やめておこう。
  - 譲歩：<u>何をいっても</u>むだだ。
  - 逆接：<u>そうはいうけど</u>，なかなか難しいんだよ。
    <u>雨はやんだが</u>風が強い。
  - 中止：<u>おじいさんは山へ柴刈りに行き</u>，おばあさんは川へ洗濯に行った。

（1）南の四段階説

　これらの節は，包摂することができる要素に違いがあり，それが節の大きさを反映していることが分かる。この観点から，南不二男氏は節の大きさをA段階，B段階，C段階，D段階の四つに分けた。この分類は，述語に付加される助動詞・助詞の種類も限定している。

- A段階：目的語は含むが主語は含まない。時制（テンス）の対立は含まない。

様態,手段・方法等
・B段階：主語・目的語は含むが主題は含まない。時制は含むが推量(〜だろう)を含まない。
連体修飾節,準体節,原因・理由等(条件・譲歩を表す節は見かけ上時制を含まないが,主語を含むのでB段階とする)
・C段階：主題,主語,目的語を含むが,呼びかけ語は含まない。推量は含むが終助詞は含まない。
逆接,中止等
・D段階：すべての要素を含む。
主節

以上のような分析から,主節は次のような階層をなしていることが分かる。

[ねえ,[今日は[あなたが[パンを買ってきてくれ]た]でしょう]ね]

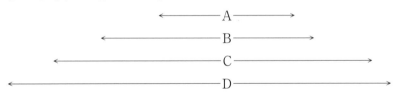

すなわち,A〜Dの段階とは次のような構文の階層性を表しているともいえる。
・A段階：運動・動作・状態
・B段階：事態
・C段階：陳述
・D段階：言語行為

B段階の節を,特に「時制節」と呼ぶことがある。

5. 受動文と使役文

（1） 助動詞・終助詞の階層

　動詞等に付加される助動詞，終助詞類はその承接の順序がある程度決まっていて，その順序には先に述べた意味の階層性との関連が見られる。
・A段階：受動，使役，可能，願望（～たい），アスペクト
・B段階：テンス，疑似モダリティ
・C段階：真性モダリティ
・D段階：終助詞

　ここでは，受動，使役，可能等のA段階のカテゴリーについて取り扱う。これらのカテゴリーを総称して「ヴォイス」と呼ぶことがある。

（2） 2種の受動文

　動詞に「（ら）れる」を付加することで得られる文として，受動文，可能文，自発文，尊敬文がある。

　　田中さんは意識を失って救急車で病院に運ばれた。（受動文）
　　このお菓子は胃にもたれないのでいくらでも食べられる。（可能文）
　　遠く故郷が偲ばれる。（自発文）
　　先生は3時に来られる。（尊敬文）

　能動文との関係から2種の受動文が区別される。降格受動文と昇格受動文と呼んでおく。前者は，能動文の動作主を主格から外し，相対的に動作の受け手が主格に上昇するというものである。

　　救急隊員が田中さんを病院に運んだ。（能動文）
　　田中さんが病院に運ばれた。（受動文）

　この文では，能動文の動作主＝主語の「救急隊員」が主語から外され，

動作の受け手の田中さんが主語に取り立てられていると考えられる。この種の受動文は，通常能動文では動作主＝主語に注目が集まるのに対し，その動作主を降格させることで動作の受け手に注目を集めることを動機として作られている。すなわち，受動化の動機は「動作主の背景化」にあるといえる。

　なお，いったん主語から外された動作主は，「～に」「～によって」「～から」等の形式で示される場合がある。どの形式を用いるかは，文の種類，動詞の種類によって決まっている。「～に」は，動作の受け手が動作主から影響を受けたことを明示する場合に用いられる。「～によって」は物理的な働きかけや製作・廃止にかかわる動詞に用いられ，事態を淡々と叙述する目的で用いられる。「～から」は主に感覚的・感情的・言語的な影響関係がある場合に用いられる。

　　田中は山田 ｛に／??によって／??から｝ 殴られた。
　　源氏物語は紫式部 ｛＊に／によって／＊から｝ 書かれた。
　　田中はみんな ｛に／＊によって／から｝ 愛されている。

　もう1種の受動文，昇格受動文は，能動文にはない項を，動作の影響の受け手として新たに主語として立てるタイプの受動文で，自動詞からも受動文を作ることができる。

　　田中さんは旦那さんに大きないびきをかかれて眠れないでいる。
　　田中さんは奥さんに先にやせられて焦っている。

　昇格受動文は，新しい主語が人間を中心とする有情物（感情を持つ生物）や擬人化された対象に限られ，動作主は「～に」で表されることを原則とする。昇格受動文の受動化の動機は，受影者（影響の受け手）の前景化にあるといえる。

　なお，先に降格受動文としたもののうち，受動文の主語が有情物や擬人化された対象で，影響（主に迷惑）を受けることを表す受動文は，昇

格受動文と見なすこともでき，両者は連続的であるともいえる。

（3）可能・自発

「〜（ら）れる」は受動の他に可能・自発も表すことがある。可能文は能動文「〈動作主〉が〈対象〉を〜」に対して，「〈動作主〉に〈対象〉が〜」「〈動作主〉が〈対象〉が〜」「〈動作主〉が〈対象〉を〜」という格配置で表される。

　　君にプロ投手の球が受けられるか。
　　君がプロ投手の球が受けられるか。
　　君がプロ投手の球を受けられるか。

なお，一段活用動詞，カ行変格活用動詞は「〜（ら）れる」で可能を表すが，五段活用動詞ではいわゆる可能動詞で可能を表す。

　　君にプロ投手の球が打てるか。
　　君がプロ投手の球が打てるか。
　　君がプロ投手の球を打てるか。

また，サ行変格活用動詞の可能文は，「できる」で代用する。

可能文は，意志的な運動・動作を表す動詞を用いて作られる。非過去形では，条件が整っている場合に動作主がその運動・動作を遂行できるかどうかを述べる「能力可能」と，動作主を問わず，条件的にその運動・動作を遂行することが許されるかどうかを述べる「状況可能」が区別できる。

　　私は5kmなんて泳げない。（能力可能）
　　今日は天候不良で泳げない。（状況可能）

過去形では，特定の動作主について述べる場合は，実現を希望していた運動・動作の実現・不実現を表す。

　　がんばって5km泳げた。

がんばったが 5 km 泳げなかった。
　状況について述べる場合は，過去における可能性を表すが，実現の有無は直接は述べない。
　　この日は天候も良く十分泳げた（が誰も泳がなかった）。
　　この日は天候不順で泳げなかった。
　さて，先に一段動詞とカ行変格活用動詞では「〜（ら）れる」で可能を表すと述べたが，話し言葉で一般化しつつあるいわゆる「ら抜き言葉」は一段動詞とカ行変格活用動詞の可能を表す形式である。
　　君にプロ投手の球が受けれるか。
　形態論の観点から見れば，可能動詞とら抜き言葉は(r)eru という形態素（助動詞）として分析することができる。
　　kak＋eru → kakeru（書ける）
　　uke＋reru → ukereru（受けれる）
「自発」とは，想念・感覚に関係する動詞に「〜（ら）れる」を付加して，想念や感覚が自然に起こることを表す。想念を持つ主体は「〜に」または「〜が」(主題化されることが多い)で，また想念の対象は主格（〜が）で示される。
　　私にはこの写真を見ると昔のことがまざまざと思い出される。
　　この作品には独特の温かみが感じられる。

(4) 使役

　動詞に「〜（さ）せる」を付加することによって，使役文を作り出すことができる。使役は，変化・動作等の主体（動作主としておく）が与格（〜に）で表され，その主体をさらに制御する使役主が主格（〜が）で表される。
　　母が　子どもに　弁当を　食べさせる

母が　子どもを　早めに　寝させる

　他動詞文を使役文にする場合は動作主は「〜に」で表されるが，自動詞文の場合は，「〜に」のときと「〜を」のときとがある。一般的に，「〜に」の方が動作主の意思に働きかける意味が強い。極端な場合，動作主が無生物だと「〜に」は使えない。

　　豆電球でドールハウスの内部を光らせた。
　＊豆電球でドールハウスの内部に光らせた。

　使役主と動作主との関係は，「許容」「示唆」「強要」「手取り足取り」等，心理的・物理的・社会的にさまざまな関係があり得る。特に興味深いのは，使役主が望まないことの実現を悔恨の念をもって述べるときに使役の形式を使う場合がある点である。

　　息子を戦争で死なせてしまった。

　この種の表現の場合も「〜を」が標準であり，「〜に」にすると使役主の働きかけが強く感じられて悔恨の意味が薄れてしまう。

　　??息子に戦争で死なせてしまった。

6 | 日本語文法の諸相：時間表現

金水　敏

《**目標＆ポイント**》　日本語の過去，現在，未来の表現はどのようになされるかという点について，また「〜ている」のような表現（アスペクト）について述べる。単独の文だけでなく，文章表現や複文における時間関係についても考察する。
《**キーワード**》　テンス，アスペクト，過去，非過去，完成相，結果，進行，パーフェクト，タクシス

1. 日本語文法は時間をどのように表現するか

　日本語の文法的な表現で，時間にかかわる成分として，次のようなものが挙げられる。
1．時間名詞（＋助詞）：
　　→絶対的：2014年8月26日，15世紀前半，……
　　→相対的：今，今日，昨日，明日，さっき，……
2．時間副詞：まだ，もう，すでに，早くも
3．期間・頻度の数量表現：1時間，一瞬，時々……
4．述語形式：
　　→アスペクト：歩いている，買ってある（動詞のみ）
　　→テンス（時制）：歩いた，赤かった，雨だった（あらゆる述語）
　本章では，特に述語形式に着目しながら，日本語の時の表現について考えていく。

2. 微視的時間把握と巨視的時間把握

　事態を時間的に捉える場合，目の前に見ているかのように，一回的で具体的な出来事や状態を把握する場合もあれば，総合的・抽象的に一定期間内の出来事や状態を把握する場合もある。次の例を見られたい。
　　私は1時間前に歯を磨きました。
　　私はその頃は毎朝7時に歯を磨きました。
　前者は過去の一回的な出来事の描写であり，後者は過去の反復的な出来事の報告である。前者のような叙述では微視的に時間が把握されており，後者では巨視的に時間が把握されているということにする。

3. テンス

(1) 過去と非過去

　テンス（時制）とは，基準となる時点（以下，基準時点。会話文の場合は，基本的に発話時が基準時点となる）から見て，文が表す出来事やありさまが過去，現在，未来のどれにあたるか，また遠いか近いかなどの時間的距離を表す文法的範疇である。日本語では，述語の基本形（「書く」「書いている」「軽い」「清潔です」等の形）と「〜た」（以下，タ形）の対立がそれを表現する。この後，しばらく会話文でのテンスについて考えていく。
（例）　昨日肉を買ってきた／明日肉を買ってくる
　　　　昨日は寒かった／今日は寒い／明日は寒い
　　　　去年私は学生だった／今私は学生だ／来年私は学生だ
　主節のタ形述語はおおむね，「過去」を表すと考えられる（従属節内のタ形述語の時間的意味については後述）。基本形が何を表すかは，述語が動態的か静態的かで異なる。動態的な述語とは大部分の動詞のこと

で，時間の進行に沿って局面が進展する事態を表す述語である。これを動態動詞と呼ぶことにする。動態動詞の基本形は現在を表さず，未来を表す。

　　宿題は明日やります／今やります

「今」とともに使用しても，微視的な時間把握においては，動態動詞の基本形は未発の事態しか表せない。

これに対して，先に示した例文のように，静態的な述語は現在のことも未来のことも表せる。このような点から，述語の基本形の時間的意味は「現在」と「未来」を包摂した「非過去」というのが妥当である。動態動詞の基本形が現在を表せない点についてはアスペクトの節で考察する。

(2) ムードの「〜た」

「〜た」の用例には，「ムードの「〜た」」と呼ばれることのある用法がある。次のようなものである。

　　残念，正解は3番でした。（クイズ番組の司会者の発話）
　　おや，探していたボタン，こんなところに落ちてました。

これらの用法では，論理的な意味では「正解が3番である」こと，「ボタンが落ちていること」は現在の出来事であるはずなのに，「た」が用いられている。また述語は，名詞述語，形容詞・形容動詞，静態動詞，動詞＋「〜ている」等，静態的なものにほぼ限られる。「た」は出来事時としての過去を表すのではなく，その事態の成立が過去に所属する（正解が決まった時点，ボタンが落ちた時点等）という話し手の認識を表していると見られる。

また，これに類する表現として，次のように「疑似モダリティ」に付加される「〜た」も注意される。

その鍵でドアは簡単に開くはずだった。
こんなことなら早く宿題を済ませておくんだった。
君はあそこに行くべきではなかったよ。

これらの表現では,「開くはずだ」という見込みを持った時点,「早く宿題を済ませておく」べきだった時点,「あそこに行く」ことの妥当性を検討した時点が発話時から見て過去に位置することを表している。

また「さあ,起きた起きた！」のように「〜た」で一種の命令を表す用法があることを付け加えておく。

(3)「〜る」の特殊な用法

動詞基本形「〜る」は現在を表せないと先に述べたが,次のような巨視的な時間把握では,反復的あるいは一般法則的な事態を表す表現において,現在を表すことができる。

私は毎朝7時に起きる。
春になると雪が解けて若草が萌え出る。

これらの例文は,動詞の時間的意味が一回的・個別的な事態から拡張されて習慣的・一般的な状況を表現している。後に述べる,「〜ている」にも習慣を表す用法がある。

また,次のように眼前の進展的な運動の描写の例を見られたい。

走者,今3塁を回ります,回ります。（野球の実況中継）

これは,特殊な発話状況の中で,発話時点そのものが拡張されているといえるだろう。

次に,「遂行動詞」といわれる動詞を用いた言語行為を表す発話を見られたい。

正々堂々と戦うことを誓います。
心よりお詫び申し上げます。

本船を「氷川丸」と命名する。
　これらの文では，「誓います」「お詫び申し上げます」「命名する」ということ自体が，誓うこと，謝罪すること，命名することになっている。このような文を「遂行文」という。遂行文では，行為を遂行している時間が発話時そのものであるから，必然的に時制は現在になるのである。

（4）基本形による命令
　次のように，述語の基本形が聞き手への命令表現として働く場合がある。
　　さっさと起きる！
　　ぐずぐずしない！
　これは，動詞が時間を表現するという機能から離れて，事態を単にラベルとして表現していると見ることができる。

4．アスペクト

（1）アスペクトの機能
　動態動詞は時間とともに局面が進展していくことを表現するが，その局面全体を捉えるのか，一部を捉えるのかという点について解釈に制約を加えるのがアスペクトの機能である。
　動態動詞の裸の基本形・タ形は，変化や動作を丸ごと捉える性質がある。この，「事態を丸ごと捉える」というアスペクト的意味を「完成相」という。基準時点から離れている過去や未来の出来事は丸ごと捉えることができるが，時間の幅のある出来事を点的な基準時点で丸ごと捉えることはできないので，基本形は現在を表せないと説明することができる。
　これに対して，代表的なアスペクト形式「〜ている」は，変化や動作の一局面を取り出す機能がある。その局面に含まれる一時点（これを参

照時と呼ぶことにする）が，基準時点から見てそれ以前か，基準時点と一致するか，基準時点以後かによって時制が変わる。

　私は1時間前ここで本を読んでいた。
　私は今ここで本を読んでいる。
　私は1時間後（たぶん）ここで本を読んでいる（と思うよ）。
　では「〜ている」によってどのような局面が取り出されるのであろうか。

（2）「〜ている」の意味(1)　進行と結果

　(1)　田中さんは今夕食を作っている。
　(2)　田中さんは今笑っている。
　(3)　田中さんは今椅子に座っている。

　(1)と(2)は動作の最中であることを表している（進行）。(3)は「座る」ことが終わって，その結果の状態が存在していることを表している（結果）。この違いは，動詞の違いから生じると考えられる。
・「〜ている」が進行を表す動詞：作る，かける，呼ぶ……
　　　　　　　　　　　　　　　　歩く，泳ぐ，なく……
・「〜ている」が結果を表す動詞：切れる，つまる，曲がる，立つ，着る
　　　　　　　　　　　　　　　　……

　進行を表す動詞は，ほとんどの他動詞と自動詞の一部である。結果を表す動詞は自動詞が圧倒的に多いが，一部他動詞が含まれる。
　進行を表す自動詞と結果を表す自動詞の違いは，後者が状態変化を表すのに対し，前者は特に決まった結果を持たない動詞であるという点である。たとえば「（人が）立つ」の場合，座っている状態から立ち上がった状態に移行すると，「立つ」という事態が達成されたことになる。これに対し，「歩く」は歩いていない状態から歩き始めると，達成のための特

別な条件はなく，歩き終った時が達成時点となる。
　他動詞の「～ている」で結果を表すものについて述べておく。
　　田中さんは今赤い服を着ている。
　　田中さんは今酒を断(た)っている。
　これらの表現は，動作の結果が動作主に残存するタイプのものである。このうち，「服を着ている」は進行の意味にもとれる点が注意される。「酒を断っている」は継続的な「断っている」動作が存在しないので，進行には解釈しにくい。なお，次のように主語が必ずしも動作主でない特殊なタイプもある。
　　この船は今車を100台積んでいる。

(3)「～ている」の意味(2)　パーフェクト

　次の例を見られたい。
　(4)　見ると，看板が倒れている。
　(5)　(今は応急処置をして立っているが，) この看板は，これまでに3回倒れている。
　(4)は結果を表す「～ている」と考えられるが，(5)は違う。今は倒れていないからである。(4)は「～た」と置き換えることができないが，(5)は「～た」と置き換え可能である。
　(4)′　??見ると，看板が倒れた。(「??」は例文が受け入れにくい文であることを表す)
　(5)′　(今は応急処置をして立っているが，) この看板は，これまでに3回倒れた。
　(5)のような「～ている」の用法をパーフェクトと呼ぶことにする。これは，基準時点から見てすでに達成済み（のはず）の事態を，なんらかの根拠や記録，記憶等に基づいて振り返り，その存在・非存在を述べる

用法である。パーフェクトは，一種の巨視的時間把握であるといえる。表現された事態は，なんらかの推論の根拠とされることが多い。

結果・進行は動詞の時間的意味によって分布が決まるのに対し，パーフェクトの「～ている」は，そのような制約がない。出来事を表す動詞なら，すべて適用可能である。

　犯人はその家には立ち寄っていない。
　この本はもう読んでいる。

（4）「～ている」の意味(3)　習慣

次のような用例は，「～ている」で習慣を表している。

　私は毎朝7時に起きています。

この用法の文は，基本形やタ形で言い換えることができる。

　私は毎朝7時に起きます。

この用法は，基本的に人の意志的な行為を表す文に用いられる。「～ている」の巨視的時間把握の用法の一つである。

（5）「～ている」の意味(4)　単なる状態

「～ている」の用法には，変化・動作の局面を表さず，単なる状態を表すに過ぎないものがある。意味としては，形容詞・形容動詞に近いといえる。たとえば，「(壁面が) 曲がっている」は「(壁面が) まっすぐだ」という形容動詞と対をなす。この場合，「曲がっている」は「曲がる」という変化を必ずしも含意していない。最初から「曲がってい」てもいいわけである。

この用法に用いられる動詞は，状態変化を表す自動詞が多くを占める。また，主節ではもっぱら「～ている」でしか用いられない，「第四種動詞」（金田一，1976）と呼ばれる動詞語彙が用いられることもある。

背後には六甲山がそびえている。
　　　建物の南側は川に面している。

（6）その他のアスペクト形式
　「〜てある」は，微視的時間把握においては，他動詞のみに用いられ，動詞の結果状態を表す。目的語が主格に上昇する受動文のような構文をとる場合もある。
　　　南側の窓が開けてあった。
　　　丁寧に毛を抜いてある。
　巨視的時間把握においては，主体の準備的行為を表す用法がある。
　　　飛行機の時間は調べてある。
　後者の用法では，自動詞も用いられることがある。
　　　十分寝てあるので居眠りの心配はない。
　「〜つつある」は，事態の漸進的な進展を表す。動詞の種類を問わずに使用することができる。
　　　台風は徐々に本州に近付きつつある。
　「〜てくる・ていく」はそれぞれ多義的であり，特徴の異なる用法が存在する。
　　　雨が降ってきた。（事態の開始を表す）
　　　さっそく返事をよこしてきた。（行為の方向性を表す）
　　　大学に行って書類をとってきた。（行為の後，元の場所に戻る意を表す）
　　　順番にボタンを押していった。（事態の進展を表す）
　　　一杯飲んでいってください。（行為の後，立ち去る意を表す）
　「〜てしまう」は，出来事の終了限界の達成を強調する。時に，「後戻りできない」という後悔・非難の意味を表す。「〜ちまう」「〜ちゃう」

という形態もある。
　　両親ともに死んでしまった。
　　ああ，やっちゃったね。
「〜はじめる・おわる・おえる・つづける・つづく」はそれぞれ，出来事の一部の局面（終了，開始，過程）を前景化して取り出す機能がある。
　　雨が降り始めた。
　　雨が降り終わった。
　　ようやく手紙を書き終えた。
　　50年間日記を書き続けた。
　　3日間降り続いた雨もようやく小降りになった。

5. 従属節のテンス・アスペクト

　従属節では，テンス・アスペクト形式が主節と異なる機能を果たす場合がある。また，従属節と主節との時間的関係がテンス・アスペクト形式によって表される場合がある。注意すべき諸点について述べていく。

（1）状態の「〜た」
　連体修飾節に現れる次のような「〜た」は，過去時制ではなく，単なる状態を表す。
　　山裾に沿って大きく曲がった道
　　山羊の二つに割れた蹄
　　海に面した部屋
　これらは，まっすぐな道がある日曲がったわけではなく，また蹄がある時点で割れたわけでない。また，「面する」という事態も存在しない。主節では，「〜ている」で表される。
　　この道は山裾に沿って大きく {曲がっている／*曲がった}。

山羊の蹄は二つに｛割れている／＊割れた｝。
　この部屋は海に｛面している／＊面した｝。
　次のような例は，過去の「〜た」ともとれるが，単なる状態との解釈が可能である。

　　曲がった釘　　切れた糸　　割れた皿

　次のような他動詞の例もある。これらも，過去ともとれるが，むしろ単なる状態ととるべきである。

　　肉で巻いた野菜　　瓦で葺いた屋根

　これらは，主節では「〜てある」「〜られている」などの形式で表される。

　　野菜が肉で巻いてある。
　　屋根は瓦で葺かれている。

（2）同時関係を表すトキ節

　「〜とき」（以下，トキ節）は，トキ節と主節の出来事や状態が同時であることを表す。トキ節の述語は，動詞，形容詞・形容動詞，名詞述語のどれでも用いられる。また動詞は基本形・タ形，「〜ている」「〜ていた」いずれも用いられる。

　　ふたが固いときは軽く火であぶってください。
　　山田さんはまだ学生だったときに結婚したらしい。

　トキ節に用いられる述語が，基本形とタ形で意味が変わらない場合がある。

　　本を読んでいるとき，雨が降ってきた。
　　本を読んでいたとき，雨が降ってきた。

　前者は，主節の時点に立って従属節の出来事を表す「相対的テンス」の表現であり，後者は発話時から従属節・主節とも時制を決める「絶対

的テンス」の表現であるといえる。

　トキ節に基本形を用いるか，タ形を用いるかで時点が異なる場合がある。

　　このサングラスはアメリカに行ったときに買いました。
　　このサングラスはアメリカに行くときに買いました。

　前者は，アメリカ渡航後にアメリカで買ったという解釈が優勢であろう。後者は逆に，渡航前に買った意味にほぼ限定される。この場合基本形とタ形は，出来事の終了限界に対して，達成後と達成前を表し分けている。

（3）「〜ル前（に）」と「〜タ後（に・で）」

　「〜前（に）」「〜後（に・で）」（それぞれ，マエ節，アト節とする。「〜のち（に）」もアト節の一種とする）は，従属節と主節の先後関係を明示的に表す。ともに，従属節には動詞しか用いられない。またマエ節には動詞ル形（基本形），アト節にはタ形しか用いられない。

　　ハワイに行く前にロサンゼルスに行った。
　　ロサンゼルスに行った後にハワイに行った。

（4）同一期間を表す「〜間（に）」

　「〜間（に）」（以下，アイダ節）は，従属節が表す事態の期間中に主節が表す事態が生じることを表す。アイダ節には，形容詞・形容動詞，名詞述語の他，動詞の基本形，「〜ている」，「〜ていた」が用いられ，タ形は用いられない。

　　実が赤い間に食べると甘くておいしい。
　　彼は学生だった間に免許をとった。
　　私が準備をする間，しばらく待っていてください。

テレビを｛見ている／見ていた｝間に鍋が焦げ付いてしまった。

（5）出来事の後の期間・前の期間を表す「～てから」「～まで」「～るまでに」

「～てから」（テカラ節とする）は，従属節の表す事態が終了した後の期間に主節の事態が起こることを表す。「～まで」（マデ節とする）は，従属節の表す事態が開始される以前の期間に主節の事態が起こることを表す。テカラ節は，文字通り動詞のテ形のみが用いられる。マデ節は，動詞の基本形が用いられる。

　　必ず火を止めてからスープの素を入れてください。
　　アメリカから帰ってきてから，テレビというものを見ていない。
　　夜が更けるまで議論が尽きなかった。

　なお，「～までに」とすると，主節の事態が起こる期間の限界を表す。
　　お父さんが帰ってくるまでに夕食の準備を済ませなければなりません。

（6）条件節の時間関係

　条件節「～たら」「～れば」「～と」「～なら」（それぞれ，タラ節，バ節，ト節，ナラ節）は，もっぱら因果関係や出来事の法則的序列等を表すが，時間的な同時・先後関係も表す。

　タラ節は，動詞等（動詞・形容詞・形容動詞・名詞述語。以下同様）のタ形＋「ら」の形で表される。バ節は，動詞等の仮定形＋「ば」の形で表される。ト節は，動詞等の基本形＋「と」の形で表される。いずれも，条件節の表す事態が終了した時点，あるいは持続している期間（「～ている」の場合）と主節の事態が同時か近接していることを表す。

ベルが鳴ったら試験は終了だ。
　十分準備をしていれば恐れる必要はない。
　春になると野山の草花が一斉に芽を吹き，花を咲かせる。
これに対し，ナラ節は，動詞（および助動詞・補助動詞）のル形，タ形が使い分けられ，先後関係がコントロールされる。動詞基本形が用いられる場合は，ナラ節の出来事が主節の出来事の後に起こることを表す。
　家を買うならまず〇〇工務店にご相談を。
動詞タ形の場合は，タラ節とほとんど同じ意味になるが，ナラ節の事態が肯定・否定で対比されることがある。特に「～たのなら」の形ではそうである。
　ベルが鳴ったのなら試験は終了だが，鳴ってないのなら試験は続く。

6. 地の文のテンス・アスペクト

　話し合いの文脈ではない，まとまりを持った文章では，個々の文章のテンスは発話時から見て過去・現在・未来を表すというよりも，前の文脈に対してどのような時間関係を持つかということを表す。このような関係を「タクシス」という言葉で表す。
　動態叙述文の基本形とタ形はそれぞれ完成相（ひとまとまり性）を表す。完成相は文章の中では，継起性を表す。すなわち，前の文脈が示す時点から，出来事一つ分，時間を先へ進めることを表すのである。
　　下人は，すばやく，老婆の着物を剥ぎとった。それから，足にしがみつこうとする老婆を，手荒く死骸の上へ蹴倒した。梯子の口までは，僅に五歩を数えるばかりである。下人は，剥ぎとった檜皮色の着物をわきにかかえて，またたく間に急な梯子を夜の底へかけ下りた。（芥川龍之介「羅生門」）
これに対して，静態叙述文および結果・進行の「～ている」「～ていた」

では，前の文脈の時点と同時性を表す。

　　ある日の暮方の事である。一人の下人が，羅生門の下で雨やみを待っていた。

　　広い門の下には，この男のほかに誰もいない。ただ，所々丹塗の剥げた，大きな円柱(まるばしら)に，蟋蟀(きりぎりす)が一匹とまっている。羅生門が，朱雀大路にある以上は，この男のほかにも，雨やみをする市女笠や揉烏帽子(もみえぼし)が，もう二三人はありそうなものである。それが，この男のほかには誰もいない。（芥川龍之介「羅生門」）

なお，パーフェクト相を表す「～ている（た）」「～てある（た）」では，文脈が表す時点から一時的にそれ以前に後戻りすることを表す。

　　神々はとっくの昔に仲間割れして，統一を失っていた。ゼウスが神々の王であるはずなのに，ゼウスはすでに神々の王としての統率力を失っていた。神々の世界にはアナーキズムが広がっていた。そして神々は相互に戦い，人間も互いに相争わせた。（『梅原猛著作集』）

7 | 日本語文法の諸相：モダリティ

金水　敏

《**目標＆ポイント**》　日本語の文の成分で話し手，書き手の主観性を反映するものをモダリティと呼ぶ。伝統的に「推量」と呼ばれるものもこれに含まれる。モダリティのさまざまなあり方について考察する。
《**キーワード**》　疑似モダリティ，真性モダリティ，推量，必然性，妥当性，可能性，時制節，言語行為，終助詞

1. モダリティとは何か

　文は，格成分や副詞句・副詞節と，述語（述語語彙：動詞，形容詞・形容動詞，名詞述語）と時制（テンス）まで（南の四段階説でいうと，B段階まで）を中核とし，その外側にあって文内容を主観的な立場から評価したり，聞き手に伝達したりする際の態度を表す成分がそれを包み，一体となって構成されている。このうち，命題＋時制を取り除いた，主観的評価，伝達的態度，言語行為等を表す部分を総称してモダリティと呼ぶことにする。
　モダリティ成分を次のように分類しておく。
・疑似モダリティ１：〜かもしれない，〜にちがいない，〜はずだ，〜べきだ（可能性，必然性，妥当性等），〜ようだ，〜みたいだ，〜らしい（推定）
・疑似モダリティ２：〜のだ（説明）
・真性モダリティ：〜だろう，〜まい（推量），〜（よ）う（意思・勧誘）

・命令・依頼：命令形，〜て，〜ください等
・終助詞：〜じゃないか（感嘆等），〜か，〜やら（疑問），〜わ，〜さ，〜よ，〜ね，〜ぞ，〜ぜ

　疑似モダリティは，時制節に付加される（ただし「〜べきだ」は動詞「〜る」にしかつかない）。また，連体修飾節や準体助詞「の」の節（準体節）に入ることができる。

　　田中さんは昨日来たかもしれない。
　　田中さんは今日来るかもしれなかった。
　　今日来るかもしれない人は誰？

「〜のだ」（「〜んだ」「〜の」「〜んです」「〜のである」等を含む）は，時制節を受け，独自の時制を持つ点は疑似モダリティ1に似ているが，連体修飾節や「の」の節には入らない。

　　田中さんは昨日来たんだ。
　　田中さんは今日来るんだった。
　　＊今日来るのである人　（＊は文法的に許容できない文であることを表す）

　疑似モダリティ1同士はあまり相互承接しないが，疑似モダリティ1の後に「〜のだ」は頻繁に付加される。

　擬似モダリティ1・2は自らも時制を持つので，時制節に含まれるものと考えておく。

　真性モダリティのうち「〜だろう」は時制節を受ける。「〜まい」は動詞基本形「〜る」のみ受ける。「〜う・よう」は動詞未然形（ただし五段活用動詞はオ列の活用語尾）に付く。「〜だろう」「〜まい」「〜う・よう」はともに連体修飾節および準体助詞「の」の節に入らないか，きわめて入りにくい。真性モダリティの後には，付加されるとしたら終助詞しか付かない。

田中さんが ｛来る／来た｝ だろう。
田中さんは ｛来る／＊来た｝ まい。
私が ｛行こう／受けよう｝。

命令・依頼は，人の行為を表す動詞のみに適用される。狭義命令形の他，「来て」のようなテ形，「〜てください」「〜てちょうだい」「〜たまえ」等の形式がある（本章では命令・依頼についての説明は省略する）。

終助詞は，時制節，疑似モダリティ，真性モダリティ，命令・依頼の後に付き（一部，承接に制限がある），終助詞同士の承接がある他は後ろに何も付かずに文末となる。イントネーションによっていろいろ変異する。

2. 疑似モダリティ1

疑似モダリティ1は，命題（時制節）の可能性，必然性，妥当性等について述べたり，（何らかの証拠に基づいて）命題の成立について推定することを表す形式である。

(1)「〜かもしれない」「〜にちがいない」

「〜かもしれない」「〜にちがいない」は，時制節を受ける。受ける節の述語の種類は問わない（ただし名詞述語の場合，肯定・非過去であれば，「だ」は不要である（むしろ挿入できない））。

　　あの方が新しい先生 ｛＊だ／φ｝ かもしれない。

「〜かもしれない」の意味は，命題が成立する可能性についての話し手の信念の表明である。命題をAとすると，「Aかもしれない」は，話し手がAである可能性を信じていることを表すと同時に，Aではない可能性も信じていることになる。

　　あの方が新しい先生かもしれない(し，そうではないかもしれない)。

「〜にちがいない」は，真偽が自明ではないある命題について，話し手が，「偽である可能性が存在しない」ことを保証する形式である。したがって，否定命題とは共存できない。

　　あの方が新しい先生にちがいない（が，＊そうではないかもしれない）。

（２）「〜はずだ」「〜はずがない」「〜べきだ」

　「はず」は形式名詞なので，受ける節は連体修飾節とおおむね同じ条件である。つまり述語の種類は何でもよく，基本形もタ形も可である。

　「はずだ」の意味は，特定の根拠に基づいて，一つの仮説が排他的に導出されることを主張する，というものである。

　　3000 円使ったから，財布には 2000 円残っているはずだ。

　連体修飾節では，肯定・非過去では「〜はずの」となる。

　　来るはずの人が来なかった。

　「〜はずがない」は，特定の命題について，どのような可能性を検討しても真ではあり得ないことを主張する表現である。

　　あんな弱いチームが優勝できるはずがない。

　「〜はずだ」には，事実を表す節を受けて，その事実が真であるための理由を追認する用法がある。

　　そんなに高い肉を買ってきたのか。道理でうまいはずだ。

　いずれの「はず」も，推論の帰結であるという点では共通している。

　「〜べきだ」は，ある目的に照らして，その実現のために必要と考える出来事を指し示す表現である。その出来事は未実現に限られるので，「〜べきだ」の上接述語は基本形の動詞に限られる。

　　やせたいなら間食はやめるべきだ。

　「Ａべきではない」は，目的に照らしてＡに妥当性がないことを表す。

本当に彼のためを思うなら、君は手を出すべきではない。

　これはAの否定の妥当性の主張とは論理的に異なるが、「Aないべきだ」という表現が形態論的に存在できないので、その代わりに「Aないでおくべきだ」などの形が用いられることがある。また、過去の出来事について妥当性を述べる場合も、「Aたべきだ」とはいえないので「Aべきだった」というしかない。

　「〜べきだ」は肯定・非過去の連体修飾節では「〜べき」となる。

　　来るべきものが来たという感じだ。

（3）「〜ようだ」「〜みたいだ」「〜らしい」「〜そうだ」

　なんらかの証拠に基づいて推定した事態を主張する表現である。これらの形式間の違いは、どのような証拠に基づくかという点に大きくかかわっている。また同音異義の用法がそれぞれに存在する。これらの形式の共通点は、時制節を受けること、過去形があることである。また連体修飾節や準体助詞「の」の節（準体節）には入りにくく、否定や疑問にもしにくい。また、命題が真であることを主張する表現なので、否定命題とは同時に主張できない。

　　田中さんが来る｛ようだ／みたいだ／らしい／そうだ｝（が、＊来ないかもしれない）。

　「〜ようだ」は、さまざまな知覚（視覚、聴覚、触覚等）からの情報を証拠とすることができるが、言語的伝聞に基づく推定にはやや不自然である。

　　　見ると、玄関に靴があるので、父が来ているようだ。

　　？田中さんのいうところによると、田中さんは来ないようだ。

　名詞述語文で肯定・非過去の場合は、「〜のようだ」になる。

　　　午後は雨のようだ。

「〜みたいだ」は，視覚情報を中心に，「〜ようだ」とだいたい同じような用法になる（語源的に「みたいだ」は「（を）見たようだ」からきている）。名詞述語文・肯定・非過去では「だ」などが省略されて名詞が直接接続する。

　　午後は雨みたいだ。

「〜ようだ」「〜みたいだ」はともに，「比況」と呼ばれる用法を持つ。対象となる状況をあるものや他の状況に例えて表現するものである。比況の用法は連体修飾節によく用いられる。

　　まるで雷が落ちた｛ような／みたいな｝惨状だ。

「〜らしい」は知覚的な情報に加えて，言語による伝聞情報でもよく用いられる。

　　田中さんのいうところによると，開会は午後になるらしい。

名詞述語文で肯定・非過去の場合は，名詞が直接続く。

　　田中さんのお父さんは医者らしい。

なお，名詞に直接「〜らしい」が続くと，「男らしい／女らしい」に代表されるように，名詞が表すカテゴリーの代表的・中核的な属性を持っていることを表す表現になる。このような「らしい」の用法を「様態」という。したがって上の「お父さんは医者らしい」は「医者であるらしい」という推定の意味と，「医者としての特徴をよく持っている」という様態の意味のどちらでも解釈できる。「どうやら医者らしい」など，モダリティの副詞があれば推定，「とても医者らしい」など程度副詞があれば様態と判断できる。

「〜そうだ」はほぼ言語的な伝聞情報に限定的である。知覚的な情報に基づく推定には用いられない。

　　田中さんのいうところによると，開会は午後になるそうだ。

名詞述語文・肯定・非過去の場合は，「〜だそうだ」になる。

田中さんのお父さんは医者だそうだ。
「〜らしい」と違って，推定の副詞は用いにくい。
田中さんのお父さんはどうやら{医者らしい／??医者だそうだ}。
つまり，同じ言語的伝聞情報でも，「〜らしい」はなんらかの推論を経て主張に至るのに対し，「〜そうだ」は伝聞そのものという違いがある。
なお，動詞連用形，形容詞・形容動詞語幹に「そうだ」が接続する様態の用法がある。

雨が降りそうだ／とてもおいしそうだ／かなり丈夫そうだ
「〜らしい」「〜そうだ」の様態の用法は形容詞・形容動詞相当の意味になるので，連体修飾節でもよく用いられる。

3. 疑似モダリティ2「〜のだ」

(1)「〜のだ」の形態

「〜のだ」の「の」は準体助詞と同源であり，準体助詞「の」の節，すなわち名詞相当の準体節に指定の助動詞（コピュラ）の「だ」が付加されたものと考えることができる。ただし「〜のだ」の場合は準体節と違って，「ガノ交代」が起こらないので，準体節とは区別される。

[田中さん{が／の} 来たの]を知らなかった。（準体節）
誰かと思ったら，[田中さん{が／*の} 来たの]だ。

「の」の部分は，「だ」「です」に続く場合，話し言葉では「ん」に変わるのが普通である。「だ」の部分は指定の助動詞と同じなので，さまざまな変異がある。たとえば「φ（コピュラなし）」「である」「です」等である。また「か」「さ」が「だ」に置き換わって「〜のか」「〜のさ」になる点は，名詞述語と同じである。

(2)「〜のだ」の機能

「〜のだ」は現代共通語ではたいへん発達していて，多くの機能を担っている。従来の研究で指摘されているものは大きく二つの点に分けられる。一つは，否定や疑問などのスコープを拡張して，争点となる要素が正しく否定・疑問のスコープに入るようにするというもので，統語操作としての側面からの分析である。もう一つは，文脈に提示された疑念や課題に対して説明を与えるというもので，語用論的な観点からの分析である。両者は矛盾・対立し合うものではなく，常に共存していると考えられる。また，命令に似た言語行為を表す用法もある。

(3) スコープ拡張機能

次のような文では，「1950年に」の部分が否定や疑問の争点になっているようには読みにくいので，文として落ち着かない。

田中さんは1950年に生まれませんでした。
田中さんは1950年に生まれましたか。

ここで「〜のだ」を適用すると，正しく解釈できる。

田中さんは1950年に生まれたのではありません。
田中さんは1950年に生まれたのですか。

次のような，「なぜ」の疑問文ではほぼ「〜のだ」が必須である。

なぜ田中さんは来なかった??（の）だろう。（←「の」がないとすわりが悪い）

また，「〜から」のような理由節と否定や疑問の組み合わせでも，「〜のだ」が必須となる。

昨日は風邪を引いたから休んだのではありません（*休みませんでした）。
昨日は風邪を引いたから休んだのですか（*休みましたか）。

否定や疑問のスコープは原則として直前の述語に限定されるが,「〜のだ」はそのスコープを広げる機能があるため,述語から離れた争点を正しく否定や疑問のスコープに収めることができるのだと説明されることがある。この考え方は,分かりやすい面もあるが,例外もあることが問題となる。「〜のだ」のスコープ機能は,次の「説明」の機能と一体に考えなければならない。

（4）説明

　次の文の連鎖を見られたい。
　　昨日は会社を休みました。風邪を ｛引きました／引いたんです｝。
「引きました」では前文とのつながりが感じられず,ぎこちない印象を与えるが,「引いたんです」だと,会社を休んだ理由を説明していることがよく分かって,文脈として自然である。このように,「〜のだ」は文脈に存在する課題,疑念に対して説明を加える機能がある。
　話し手が知っていることを説明する場合もあるが,話し手が今気付いたことを独り言のように述べる用法もある。
　　あ,ここのボタンを押すとうまく外れるんだ。
　疑問文の場合は,積極的に話し手の疑念を表明する機能を発揮する。
　　おや,こんなに朝早く,どちらに行かれるんですか。
　逆に,業務的,手続き的な質問文では「〜のだ」を用いるとふさわしくないことが多い。ことに,下のような文脈だと,「〜のですか」は人ごとのような印象を与える。
　　（タクシーの運転手が客に）
　　どちらに ｛行きますか／??行くんですか｝。

（5）命令

相手に命令する文脈で「〜のだ」が用いられる場合がある。

　何をぐずぐずしている。早くこの部屋から出るんだ。

命令といっても，緊急を要する事態で相手の行為を強要・制止する場合には用いられない。真の命令というよりも，相手に言い含めて理解を促すというニュアンスがある。そういう意味では，先の説明の用法と連続的であるといえる。

4．真性モダリティ

時制（テンス）を持たない「〜だろう」「〜まい」「〜（よ）う」を真性モダリティとする。推量，意思など，話し手の発話時における主観を直接的に表す。真性モダリティの後には，主節であれば終助詞，従属節であれば「が」「から」「し」「けど」等一部の接続助詞のみが接続可能である。

（1）「〜だろう」

丁寧形は「〜でしょう」である。時制節を受ける。動詞，形容詞・形容動詞，名詞述語など述語の種類は選ばない。ただし形容動詞語幹・名詞述語の場合は，「だ」など指定の形式（コピュラ）が省かれて，「きれいだろう」「雨でしょう」のようになる。

連体修飾節や連体助詞「の」の節（準体節）には基本的に入れない。ただし，「〜だろう」の別形態「〜であろう」は連体修飾節に入る例が見られる。

　今後起こるであろう災害に備えておく必要がある。

主節で，下降音調で終止すれば，話し手が現時点で推量した結論を述べることになる。

明日は午前中から雨が降るでしょう。
たぶん，息子は戻ってこないだろう。
文末を上昇させると，聞き手に同意を求める発話になる。
これ，素敵でしょう？ ずいぶん高かったのよ。
「か」を伴うと，結論を出しかねている段階にあることを表す。
明日は晴れるだろうか。
なお，「〜たろう」は「〜ただろう」とほぼ同じである。古風で文語的な表現に聞こえる。
さぞかし疲れ{たろう／ただろう}。ゆっくり休みなさい。

(2)「〜まい」

「〜まい」はすでに共通語では古風で文章語めいた，あるいは方言的な表現になっていて，「〜じゃあるまいし」等の定型的な表現を除いて，日常的な会話の中ではほとんど使われない。

時制節の中でも非過去のみに接続する。また品詞的には動詞に接続する。形容詞であれば「赤くはあるまい」，形容動詞・名詞述語であれば「雨ではあるまい」のように「ある」の助けを借りなければ接続できない。上接動詞の活用形は終止・連体形の他，未然形に接続する場合もある。

意味としては，否定＋推量であり，「〜ないだろう」にほぼ相当する。
これ以上大きな波はもう{くるまい／こないだろう}。

(3)「〜（よ）う」

動詞の未然形に接続する。丁寧形は「〜ましょう」で，連用形接続である。意思，申し出や聞き手への勧誘を表す。
よし，仕事も終わったから帰ろう。
お荷物をお持ちしましょう。

早く食べようよ。

なお,「〜うが〜うが」「〜うと〜うと」の形で,仮想的な未来の事態を表すことがある。かなり定型的な表現である。

雨が降ろうが槍が降ろうが,計画に変更はあり得ない。

5. 終助詞

終助詞には次のようなものがある。

・終助詞：〜じゃないか（感嘆等），〜か，〜やら（疑問），〜さ，〜わ，〜よ，〜ね，〜な，〜ぞ，〜ぜ

終助詞は,終助詞同士の承接が一部ある他は,他の品詞が後ろに接続することはない。基本的に主節でのみ用いられ,連体修飾節などの従属節に入ることはないが,「〜か」「〜やら」は間接疑問文として従属節に入る。終助詞はさまざまな言語行為と結び付いている。「〜じゃないか」と疑問の「〜か」「〜やら」以外は,話し言葉やくだけた文体の書き言葉で多く用いられ,公的な書き言葉では用いられない。

(1)「〜じゃないか」

「〜ではないか」という変異形を持つ。また丁寧形があり,「〜じゃないですか」「〜ではありませんか」となる。時制節および「〜（よ）う」の後ろに付ける。

「〜じゃないか」には同形異語があり,名詞・形容動詞語幹の後ろや「〜のだ」の「だ」が落ちた形に接続する場合は,指定の形式「だ」＋否定「ない」＋疑問「か」であり,ここで扱う終助詞とは異なる。

これはあなたの携帯じゃないですか。

そろそろ終わるんじゃないか。

ここで扱う終助詞としての「〜じゃないか」は,時制節および「〜（よ）

う」を受ける。名詞述語・形容動詞の肯定・非過去の場合は名詞・形容動詞語幹に直接接続する（先の同形異語と同じ）。出来事に対しての驚嘆，非難，賞賛や，強い勧誘の意味を表す。

　　君，こんなことしてくれて，ひどいじゃないか。
　　君なかなかやるじゃないか。
　　ともに手を取り合って復興に力を注ごうではありませんか。

（2）「～か」「～やら」

　「～か」は時制節，「～だろう」について疑問を表すが，主節では「～か」が用いられない疑問文も多い。間接疑問文（従属節の疑問文）では「～か」が必須である。

　　誰が来た？
　　誰が来たか分からない。

　「～やら」は時制節に付いて同じく疑問を表し，間接疑問文や注釈的な文に用いられる。

　　何を買ってきたのやら，さっぱり分からない。

（3）「～さ」

　時制節（まれに「～だろう」）に接続するが，丁寧形には接続しない。名詞述語・形容動詞の肯定・非過去では，名詞および形容動詞語幹に直接接続する。

　　今日ですべてが終わるさ
　　もう何十回も読んださ。
　　その通り，南を誘ったのは僕さ。
　　掃除したから，すっかりきれいさ。
　　そりゃ，あんたは部長のごひいきだから，何もかもうまくいくだろ

うさ。
　「〜さ」は強く断定する語気を持つ。話者に男性を想起させることが多い。

(4)「〜わ」

　語尾が下降するものと上昇するものがあり，前者は話し手の性差にかかわらない（どちらかというと男性的に聞こえる）が，後者はかなり女性的に聞こえる。前者は後ろに終助詞が接続しないが，後者は「よ」「ね」「よね」が接続することがある。どちらも時制節に接続する。
　下降調の「わ」は，断定に軽い詠嘆や強調の気持ちを添える。
　　あ，こりゃいいわ。
　　おれ，もう帰るわ。
　上昇調の「わ」は，事態をしっかりと受け止めている気持ちを表す。女言葉の典型的な文末詞であり，役割語として多用される。
　　とてもつらいわ。
　　これ，なかなかいいわね。
　　そのネクタイ，すてきですわ。

(5)「〜よ」

　時制節，「〜だろう」，「〜（よ）う」，命令・依頼，「〜か」，「〜わ」（上昇調）に接続する。聞き手に新しい事実や規定の事実の存在を気付かせたり，独り言で話し手自身が事実に気付いたりするときに用いる。
　　これ，<u>おいしいですよ</u>。
　　あなたはもう<u>大人なんですよ</u>。しっかりしなさい。
　　そんなに高いの？　それじゃ<u>破産だよ</u>。
　「〜だろうよ」「〜でしょうよ」は，投げやりな受け答えに用いられる。

特に「〜だろうよ」は男性話者を想起させる。今日では，かなり使用がまれである。

　どうせ明日の朝にゃあ，どっかの道ばたで寝転がってるだろうよ。

「〜（よ）うよ」は主に誘いかけの文で用いる。

　早く帰ろうよ。

(6)「〜ね」「〜よね」

「〜ね」は時制節，「〜だろう」，「〜（よ）う」，命令・依頼の一部（「言ってね」「言ってくださいね」等），「〜か」，「〜わ」に接続する。聞き手に同意を求めたり，話し手が自分の中で確認しながら発話していることを表す。

　今日はいい天気ですね。

　ここは私が片付けますね。

　料金は3000円ほどになりますね。

なお，「ね」は「ねえ」と伸びることもあり，また下降調，上昇調など音調にも変異があって，それぞれにニュアンスが異なってくる。

「〜よね」は「〜よ」と「〜ね」の複合ということができるが，独特のニュアンスを持つ。時制節，「〜（よ）う」，命令・依頼の一部（「〜ね」に同じ），「〜わ」に接続する。聞き手に情報を提示しつつ，確認をとることを表す。「ね」の部分に長さや音調の変異がある。

　ここにお金があるけど知ってるよね。

　私馬鹿よね　お馬鹿さんよね

　時間になったら行ってくださいよね。

　あなたも行くわよね。

(7)「〜な」

時制節,「〜だろう」,「〜（よ）う」, 命令・依頼の一部,「〜か」,「〜よ」に接続する。相手への確認, 自己確認, 詠嘆などを表す。長さ, 音調の変異がある。丁寧形「〜です」「〜ます」に付くと, 年配の男性の話者を想起させやすい。

　　こんなこといいな　できたらいいな
　　約束通り, 金は支払ってくれるだろうな。
　　なかなかうまいもんですなあ。

(8)「〜ぞ」「〜ぜ」

「〜ぞ」「〜ぜ」もともに男性話者を想起させやすい傾向がある。「〜ぞ」は時制節に付き, 情報を聞き手に強く提示する働きがある。丁寧形にはあまり接続せず, 丁寧形に続く形は時代劇の男性の言葉のように聞こえる。

　　がんばれ　強いぞ　ぼくらの仲間
　　これは一大事ですぞ。

「〜ぜ」は, 男性のぞんざいな発話を思わせる。時制節,「〜だろう」,「〜（よ）う」に付く。相手に情報を提示する働きがある。

　　うまいぜ, 食ってみろよ。
　　今日はやけに煙が目にしみるぜ。
　　早く行こうぜ。

8 | 日本語文法の変遷

山本真吾

《**目標&ポイント**》 古典文法と現代語文法ではさまざまな違いが認められるが，これを対比的に見るのではなく「流れ」と捉えて古代から近現代にいたる文法の歴史的変遷を概観する。
《**キーワード**》 口語文法，文語文法，係り結び，音便，連体形終止，二段活用の一段化，複合助動詞

1. 古典文法から現代語文法へ

　口語（現代語）文法を学習した後に文語（古典）文法を学んでみると，両者にさまざまな異なりのあることに気づく。たとえば，古典語には係り結びの法則がある，動詞の活用が9種類もある，「き」「けり」「つ」「ぬ」「らむ」「けむ」「めり」といった多くの助動詞がある，などの違いを見つけることができる。学校教育では，口語文法と文語文法というように両者を対照させて教わってきたと思うが，これは古代日本語が近現代の日本語へと移り変わる中で，文法現象もさまざまな変遷を遂げた結果である。この章では，まず古典文法の枠組みが成立するまでをたどり，さらに，古典文法の完成からどのように推移して現代語文法へと展開するかを「流れ」として捉えて，日本語文法の歴史的変遷を概観する。

2. 古典文法の萌芽──奈良時代以前

　私たちが教わってきた古典文法の枠組みは，上代（奈良時代以前）に

はまだ整っていなかった。

（１）用言

　動詞は，平安時代の９種類のうち，上代には下一段活用がなく（「蹴る」はこの時代はワ行下二段活用「蹴う」），８種類であった。四段活用は，上代特殊仮名遣いの知見によって，已然形と命令形とでは，前者が乙類，後者が甲類のように音が異なっていたことが分かっている（第３章２参照）。さらに動詞活用の起源をさかのぼれば，四段活用はラ変「あり」からの類推で派生し，その後に上二段・下二段・上一段の活用が成立したようである。この四段活用と下二段活用は自動詞・他動詞の差異化のために早くから発達したのに対して，変格活用はカ変「来」，サ変「為」のそれぞれ１語であったのと同じく，元来はラ変は「あり」（他の諸語は動詞に「あり」が下接して生じた），ナ変は「往ぬ」（「死ぬ」は「死」に「いぬ」が下接して生じた）の各１語であった。また，上一段活用も，カ・ナ・マ・ヤ・ワの特定の行に限られ，ごく少数であったらしい。動詞の活用形の成立について，名詞の被覆形と露出形（第９章１（２）参照）との対立の関係に類似した母音交替によって解釈が試みられている。たとえば，もともと連用形は独立形として形成され命令や文終止の用法をも担ったが，この連用形から音の添加等によって，命令形や終止形を生じ，さらに終止形に語尾「る」を付けて連体形が，「れ」を付けて已然形が生じたなどと推測されている。しかし，活用の種類によって事情は異なるようであるし，諸説あってまだ定まっていない。

　この他，上代の動詞には，已然形で止めて強く言い切る文終止の語法があったことや，体言化するク語法が盛んであったこと，また，現代とは活用の異なる語が多いといったことなども指摘されている。このク語法は，たとえば，「おそる」（四段）の連体形に体言化する接尾語「あく」

が付いて，osoru + aku → osoraku となったように説明される。

　形容詞は，ク活用が属性形容詞，シク活用が情意性形容詞であるというおおよその傾向がある。その活用形は，この時代には十分発達しておらず，已然形は「けれ」とともに未然形とも解される「け」もあった。未然形に「け」があったことは「無けむ」といった推量の助動詞「む」の下接する例のあることで知られる。この形容詞の活用形も，連用形を原形として，母音が添加して連体形を生じ，さらにこの連体形から未然形や已然形ができたといわれる。これに対して，終止形活用語尾の「し」は，サ変「為」の連用形「し」と同源と考えられている。この時代の形容詞は，係助詞「こそ」の結びに連体形（もしくは終止形に助詞モの付いた形）が用いられた。また，ミ語法といって語幹に接尾語「み」を伴って原因理由を表す形式もあった。形容動詞は，タリ活用は成立しておらず，ナリ活用もその数は少なく萌芽の状況であった。

　なお，これら用言の活用に関して，音便形はまだ発生していなかったということにも注意しておきたい。

（2）体言・副用言

　体言のうち，指示代名詞が「こ（近称）・そ（中称）・か（遠称）・いづ（不定称）」，人称代名詞が「わ（あ）（一人称）・な（二人称）・か（三人称）・た（不定称）」の体系を持っていたが，遠称は「そ」がその領域を担い，まだ「か」は劣勢であった。

　副詞では，上代には「に」語尾をとる情態副詞が多く，平安時代になると「と」語尾が増えるという傾向が見られる。

（3）助動詞

　上代語の特徴としては，まず，受身の助動詞に「ゆ」および「らゆ」

が多く用いられていたことが挙げられる。この「ゆ」「らゆ」は本来自発を表していたが，〈自然にそうなる〉から〈相手の行為を自然に受け容れる〉すなわち受身となり，また，〈そのことが生じる〉すなわち可能となるというように，意味を派生させていった。使役の助動詞は，この時代「しむ」のみである。また，尊敬を表すのに「す」（四段・サ変の未然形に接続）が用いられた。推量の助動詞では，「らし」がさかんであった。また，「まじ」の前身「ましじ」が用いられていた。この他，上代語特有の助動詞としては，動作の継続を表す「ふ」（四段の未然形に接続）があった。この時期の助動詞の接続や活用形に関して注意される点を挙げると，完了の助動詞「り」は，上代特殊仮名遣いの甲類のエ段音に接続していることから，已然形ではなく命令形接続と考えるべきである。また，断定の助動詞「なり」は，格助詞「に」に「あり」が付いてできたもので，この時代には体言に接続する用法のみで用言の連体形に接続することはなかった。打消「ず」に連用形「に」があり，本来ナ行四段に活用する語であり，この「に」にサ変「す」が付いて終止形（および連用形）「ず」となった。また，未然形「な」に継続の「ふ」が付いたのが東国方言「なふ」である。

（4）助詞

　間投助詞に由来する「を」は，対象（目的語）を表す用法もあるが，経由地点を表す用法もあって，この時代にはまだ格助詞化を果たしていない。起点・通過点・比較の基準を表す格助詞の「ゆ」「ゆり」「よ」，連体助詞の「な」「つ」，副助詞「い」「し」は，この時代に使用が限られ，平安時代には衰退する。このほか，係助詞「なも」（平安時代に「なむ」となる），終助詞の「がも」，間投助詞の「わ」，「ゑ（東国方言）」，「ろ（東国，九州方言）」も上代特有語である。

(5) 係り結び

　係助詞が特定の活用形と呼応して,「ぞ」「なむ」「や」「か」が連体形で,「こそ」が已然形で文終止する「係り結び」の法則は,この時代には整っておらず,平安時代に完成する。上代において,「ぞ」「なも」「や」「か」は連体形で,「こそ」は已然形で結ぶのが基本であるが,形容詞終止の場合には「こそ」も,連体形で結ぶ(終止形＋「も」もある)。これはまだ形容詞已然形が未発達であったからである。この係り結びは,連体形で結ぶものは倒置法に由来すると説かれ,

　　経にける ｛連体形｝ 年ぞ／か→年ぞ／か経にける ｛連体形｝

のように理解されている。ただし,この倒置説(大野晋(1993)『係り結びの研究』岩波書店)の他に挿入説(阪倉篤義(1993)『日本語表現の流れ』岩波書店),注釈説(野村剛史(1995)「カによる係り結び試論」『国語国文』64-9)も出されていてその解釈はなお定まっていない。また,「こそ」は元来逆接を表す已然形句から,こうだと強く言い切る働きを生じて強意の用法となったと見られている。

3. 古典文法の完成——平安時代

　平安時代になって,古典文法の枠組みがほぼ完成する。ここでは,前代には未発達であった文法形式がどのようにして成立するかを中心に見てみたい。

(1) 用言

　動詞は,ワ行下二段活用の「蹴う」が下一段活用となった。連用形のkuwe → kwe と合拗音化して未然形と連用形が1音節となり,上一段活用の「着る」「似る」「見る」などの語幹のない動詞と同じように,kwe に「る」語尾が付いて,終止形・連体形「くゑ・る」,已然形の「くゑ・れ」

が生じた。こうして，平安時代には古典文法の動詞の活用9種類が揃うことになった。

　形容詞も，未然形「け」が衰退し（漢文訓読には残存），已然形「けれ」が優勢になってようやく整うことになる。なお，上代に盛んであった動詞のク語法，形容詞のミ語法は，平安時代になると，前者は漢文訓読に，後者は和歌に見られるに過ぎず，消滅していった。

　形容動詞も，ナリ活用が盛んになって活用形が完備することに加えて，漢文訓読の世界では，漢語を語幹としてタリ活用を生じた。

(2) 音便

　音便（第3章3参照）は，発音しやすくするために活用語尾の子音・母音の脱落または転化によって生じたもので，これも平安時代になって起こった現象である。動詞の場合，助詞「て」，助動詞「たり」，補助動詞「給ふ」などに続くときに，カ・ガ・サ行四段の連用形語尾が子音脱落によってイ音便となり，ハ・バ・マ行四段の連用形語尾も母音脱落や転化によってウ音便となる。また，バ・マ行四段の連用形語尾も母音脱落や転化によって唇内撥音便（-m）となり，ナ変の連用形（また，ラ行四段「をはる」の連用形が助動詞「ぬ」に続くとき），ラ変の連体形語尾（助動詞「めり」「なり（伝聞推定）」「べし」に続くとき）は母音脱落と転化によって舌内撥音便（-n）となる。さらに，タ・ハ・ラ行四段とラ変の連用形語尾は，母音脱落や転化によって促音便となる。形容詞についても，体言や助詞「かな」に続くとき，その連体形語尾はイ音便になり，他の用言や助詞「て」「こそ」に続くとき，その連用形語尾はウ音便になる。さらに，カリ活用連体形や形容動詞のナリ活用の連体形が助動詞「なり（伝聞推定）」や「めり」に続くとき，その語尾は舌内撥音便になる。

　こういった音便形は，古典文法の活用表には載せないことが多いので

注意が必要である。

（3）体言・副用言

体言のうち、指示代名詞では、中称に「そなた」が加わり、遠称には「あ（あれ・あち・あなた）」が用いられるようになる。人称代名詞では、一人称「あ」が次第に衰退し、「まろ」などが加わることや、二人称「な（なれ）」に替わって「なむぢ」（他に「おまへ・おこと・おもと」など）が用いられるようになったことが、前代と異なる点である。

また、体言相当の形式では、上代のク語法が衰退し、準体法が盛んになる。

（4）助動詞

平安時代になると、上代の「ゆ」「らゆ」が姿を消して「る」「らる」が一般化し、自発・可能・受身に加えて尊敬の意味が加わる。なお、この時期までの可能は否定を伴って〈できない〉という用法でもっぱら用いられていた。使役の助動詞「しむ」は平安時代には漢文訓読文（訓点資料）に使用が限られ、和文（仮名文学作品）の「す」「さす」と対立的に用いられるようになった。さらに、この使役の助動詞にも尊敬の意味が生じた。断定「たり」も、平安時代以降に使用されるようになるが、漢文訓読文に限られる。推量の助動詞では、上代の「らし」は衰退して和歌に使用が狭まり、打消推量「ましじ」も「まじ」と語形を変える。平安時代には、「めり」、伝聞推定の「なり」、「むとす」の縮約形「むず」、「べらなり」、願望の「まほし」が使用されるようになり、古典文法の助動詞が出揃うことになる。

（5）助詞

　助詞については，あまり大きな変化はない。平安時代になって出現する助詞には，接続助詞の「からに」，例示の副助詞「など」，「かも」「なも」が転じた終助詞「かな」「なむ」，「ばや」「もがな」「かし」などがある。格助詞では「に」「の」に並列用法が生まれ，副助詞の「ばかり」は，上代には専ら「程度」の意味であったが，これに「限定」の意味が加わるようになる。

（6）係り結び

　平安時代には係り結びの法則が高度に発達し，完成する。

　連体形で結ぶ「ぞ」「なむ」は，ともに1文の中で述語に対して上接の要素を注目するように示して強調するが，「ぞ」は地の文を中心に用い，「なむ」は会話文を中心に用いる。また，「なむ」は和歌には用いられず，聞き手への強い呼びかけを伴うとされる。一方，已然形で結ぶ「こそ」は，同じ強意でも，他のものと比べて，上接の要素を取り立てて強調すると説かれる。疑問（反語）を表す「や」は文全体の内容を疑問の対象としてイエス・ノーで答えられる問いの疑問文に用いるのに対して，「か」は文の1点を疑問の対象として答えを要求する問いの疑問文に使用される。したがって，疑問詞には「か」は付くが「や」は付かない。

　古典文法を特徴付けるこの文構造は，現象としては鎌倉時代から気付かれていたが，文法史上の意義についてはいまだ十分説明されていない。

4．古典文法の崩壊──鎌倉時代

　鎌倉時代（日本語史では平安時代末の院政期を含める立場もある）になると言文二途に分かれ，言語の状況は複雑化する。平安時代に完成した古典文法は徐々に崩壊の兆しを見せるが，まだこの枠組みにとどまる

ものであった。

（1）連体形終止

　平安時代には，一種の修辞法として，係助詞を伴わずに連体形で文を終止する用法があり，体言止めのように話者の詠嘆・強意を込めるものであった。11世紀頃からこれが頻用されるにつれ，その表現価値が徐々に薄れ，院政期から鎌倉時代にかけてこれが一般化して通常の文終止にも用いられるようになった。こうして古代語の終止形は消滅することとなり，さらに，次の（2）（3）の諸現象を引き起こす契機となった。

（2）二段活用の一段化

　連体形終止が一般化してくると，今度は，終止形・連体形「る」，已然形「れ」の部分がほかの活用形との顕著な違いとして意識されるようになった。このため，活用語尾を い （上二段）もしくは え （下二段）と，う との二段（2種類の母音）に活用させるのではなく，未然形・連用形の母音（上二段は い ，下二段は え ）に固定しこれに，「る」「れ」を添える形で整えられるにいたった。これが二段活用の一段化と呼ばれる現象であり，院政鎌倉時代にその萌芽が見え，室町時代から江戸時代中期にかけて徐々に定着するようになる。

表8-1　二段活用の一段化

	未然形	連用形	終止形	連体形	已然形	命令形
上二段	イ	イ	ウ	ウル	ウレ	イ（ヨ）
↓			↓	↓		
上一段	イ	イ	イル ＝	イル	イレ	イ（ヨ）

（下二段の下一段化は「イ」を「エ」に置き替える）

（3）係り結びの呼応の乱れ

　連体形終止は、さらに古典文法を特徴付ける係り結びの法則を弛緩させることにもなった。係助詞「ぞ」「なむ」「や」「か」の結びは連体形であるが、係助詞を伴わなくても連体形終止することが一般化するとその存在意義を失い、やがて係助詞「なむ」「や」などそれ自体徐々に用いられなくなる。また、已然形で結ぶ「こそ」も含めて、その衰退期には、別の活用形で結ぶといった呼応の乱れがしばしば生じた。

（4）衰退，新生の助動詞・助詞

　古典文法の助動詞のうち、鎌倉時代になると衰退していく語や別の語に交替するもの、また、意味用法の変化するものがある。まず、この時代の「る」「らる」は否定を伴わなくても可能となる用法が生じた。推量の助動詞では、口語では多くの語が衰退し、「まし」「らし」「めり」が姿を消していく。次の室町時代にかけて「む」「らむ」「けむ」「むず」はそれぞれ「う」「らう」「つらう」「うず」へと変化する。過去・完了の助動詞では、「たり」のみが残り（この時期「た」の例も見えるようになる）、「き」「けり」「つ」「ぬ」「り」は衰退して口語では用いられなくなった。願望の「まほし」は「たし」に交替した。比況の「ごとし」も文語に限られるようになった。「てんげり」「やらん」「ござんめれ」「ござんなれ」などは鎌倉時代特有の複合助動詞といってよい。

　助詞では、「で」が発達し、場所や手段、さらに原因理由の用法を持つようになった。また、格助詞の「が」から接続助詞の用法が派生した。係り結びの崩壊によって係助詞「か」「や」「ぞ」「なむ」も衰退していき、「か」や「ぞ」は終助詞化して残存した。ただし、「こそ」は呼応の乱れを起こしつつもしばらく用いられる。なお、鎌倉時代に発生し室町時代まで用いられた強意の副助詞「ばし」もある。

5. 現代語文法への道程——室町時代から近代・現代へ

室町時代から江戸時代にかけて，現代日本語の文法の枠組みが形成されていくことになる。

（1）室町時代の文法

この時代になると連体形終止が定着し，ラ変の終止形が「ある」となることから四段化してラ変は消滅した。助詞「て」や助動詞「た」に続くときの四段活用連用形は「書いて」のように音便形の方が定着し，非音便形「書きて」が衰退する。二段活用の一段化もいっそう進んだが，下二段より上二段の方が，また音節数のより少ない方が早く進んだようである。また，形容詞の活用に関して，ク活用とシク活用の区別がなくなり1種類になった。これは，終止形と連体形が同一形「─い」になり，シク活用の「─し」までが語幹となったためである。また，この時代には，キリシタン文献などの記述から九州や東国の方言と京都とでは文法現象に異なりが存することも分かっている。たとえば，東国では一段化が京都より早く進行していたらしいこと（逆にいえば京都語は依然として二段活用を規範としていた），東国や九州では，京都語の動詞命令形「上げい」「せい」に対して，「上げろ」「せろ」が用いられていたこと，推量「べし」は京都語からは姿を消したが東国では「べい」と形を変えて用いられていたことなどが知られる。また，「読まれぬ」に対して「読めぬ」といった可能動詞（ただしこの時期には受身や尊敬を表すこともあった）もその萌芽が見える。条件法では，未然形＋「ば」が仮定条件，已然形＋「ば」が確定条件を表すのが古典文法であったが，この時代に已然形＋「ば」で仮定条件を表す用法が発生した。

また，この時期には人称代名詞が複雑化し，指示代名詞のコソアド体

系が整うようになる。加えて，接続詞が発達するといった変化も生じる。

　助動詞では，連体形終止の一般化により，受身の「る」「らる」は「るる」「らるる」に，使役の「す」「さす」は「する」「さする」に，打消「ず」は「ぬ」に替わる。過去・完了の「た」，推量の「うず」「らう」「つらう」が定着し，「まい」「ぢや」「たい」「ぬ（打消）」「なんだ（打消過去）」が出現する。助詞では，前代に比して「が」の主格化，「の」の連体格化が進行する。副助詞「ほど」「くらい」，接続助詞「けれども」「ながら」「ところに」「ほどに」などが生まれた。このように，古典文法の諸現象は室町時代にかなり様変わりすることになる。

（2）江戸時代の文法──後期江戸語を中心に

　江戸時代の言葉は，宝暦（1751〜64年）頃を境にして，文化の中心が上方（京都，大坂）から江戸へと移りゆくのに連動して，中央語が前期の上方語から後期には江戸語に移行する。この後期江戸語の文法が近代語法に直結するものである。

　動詞では，二段活用の一段化は一般的となり，定着するようになる。ナ変も後期江戸語では四段化し（ただし上方では幕末まで残る），下一段活用「蹴る」も四段化する。さらに，これら四段活用は，未然形に推量の助動詞「う」がつくときに あう がオ段長音になったことで未然形にオ段音が加わり，五段活用となった。活用形では，已然形＋「ば」が仮定条件を表す用法を定着させたことで，仮定形というべき機能となった。形容動詞では，前代の「ぢや」が江戸語では「だ」へと転じた。

　人称代名詞では，武士階級の話し言葉で一人称に「ぼく」，二人称に「きみ」が用いられた。

　助動詞では，東国方言で「よう」が定着を見せる。そして，「う」や「よう」は次第に意志の意味に転じていく。これに伴って，推量を表す語と

奈良時代まで	平安時代	鎌倉・室町時代	江戸時代	明治時代以降
サ行変格活用 カ行変格活用	サ行変格活用 カ行変格活用	サ行変格活用 カ行変格活用	サ行変格活用 カ行変格活用	サ行変格活用 カ行変格活用
上二段活用 上一段活用 下二段活用	上二段活用 上一段活用 下二段活用 下一段活用	上二段活用 上一段活用 下二段活用 下一段活用	上一段活用 下一段活用	上一段活用 下一段活用
ナ行変格活用 ラ行変格活用 四段活用	ナ行変格活用 ラ行変格活用 四段活用	ナ行変格活用 四段活用	五段活用	五段活用

図 8-1　動詞活用の種類

して「であろう」の短縮形「だろう」が後期江戸語に盛んに用いられるようになった。平安時代和文で比況表現を担っていた「やうなり」が「やうな」を経て「ようだ」となった。また，前代に生じた接尾語「らしい」が推量の助動詞「らしい」に転じた。複合助動詞として「かもしれない」「にちがいない」「はずだ」「ねばならぬ」「せずはなるまい」「くてならない」「ているところだ」「がいい」「てはいかない」が生じた。なお，断定の助動詞「ぢや」から転じて，上方語では「や」となり，江戸語では「だ」となる，また，打消の「ず」の連体形「ぬ」から転じて，上方語では「ん」となり，江戸語は「ない」を用いる，といった方言上の対立は現代まで続いている。完了の継続用法を表す「てある」「てしまう」もこの時期に生じた。

　助詞では，接続助詞で原因理由を表す「ので」「から」や，逆接の「のに」が用いられるようになった。また，前代の同時動作を表す「つつ」

が「ながら」に交替した。副助詞の「だけ」「しか（〜ない)」「でも」も
この時期登場する。終助詞もさまざまなものが生じ，確認の「さ」や「ぜ」
（男性語として），働きかけを表す「ね（ねえ）」，禁止の「な」，言うまで
もないという意を添える「とも」，疑念の「かしらぬ」が発生した。複合
助詞も，「からには」「ぬばかり」「たばかりに」「たあげくに」「おかげで」
「くせに」など多様化した。

（3）近代語法から現代語法（口語文法）へ

　後期江戸語にはほぼ現代の口語文法の枠組みが完成していた。明治に
入って，様態を表す助動詞「みたいだ」が成立し，複合助動詞の「ない
だろう」「ただろう」「たでしょう」「ないでしょう」もこの時期に発達し
た。原因理由を表す接続助詞「ので」が「から」よりも好んで用いられ
るようになった。終助詞「かしらぬ」から転じて「かしら」となり，終
助詞「わ」「て」「よ」も盛んになった。
　このような変遷を経て，現代語法（口語文法）の枠組みへと移行して
いった。

9 | 日本語の語彙

山本真吾

《**目標＆ポイント**》 語とは何か，語彙とは何かから説き起こし，日本語の語彙の特色について，語種や語構成，意味などの諸点から概観し，語彙の歴史や方言についても見ていく。
《**キーワード**》 語，語彙，和語，漢語，外来語，混種語，意義特徴，類義語，反義語，多義語，語源，語誌，生活語彙

1. 語と語彙

(1) 語と語彙

　国文法の「品詞」を学習する際，まず1文（あるいは句や文節）を「語」に分割することから始めるが，英文法ではほとんど問題にされない。これは，そもそも英文の場合には，語と語の間に空白を置いて1語であることが明示されているためである。
　日本語における「語」は，①形態，②意味，③文法的機能の三つの要素を備えた最小単位であると定義される。したがって，「春めく」や「お茶」などは①形態上，また②意味の上でも，「春」と「めく」，「お」と「茶」に分けられるが，③文中の働きとしては「めく」や「お」は単独では用いられないので，「春めく」で1語の動詞，「お茶」で1語の名詞と認めるわけである。こうして認められた「語」の集合したものが，「語彙」である。集合体の個々の要素である「語」はばらばらに存在しているわけではなく，相互に一定の関係で張り合っている。この張り合い関係を「語

彙体系」と呼ぶ。

(2) 語構成

　先の「語」の認定に必要な三つの要素のうち，①と②を満たすものを「形態素」という。先の「春めく」の「春」と「めく」，「お茶」の「お」と「茶」はそれぞれが形態素である。このうち，「春」「茶」は語の基本的な部分であって1語としても用いることができるので，これを「語基」といい，残りの付加要素「めく」や「お」は「接辞」と呼ばれる。「めく」のように後に付くと「接尾辞」，「お」のように前に付けると「接頭辞」と言う。語基にさまざまな接辞を付加することで「派生語」ができる。語基「たか（高）」に接尾辞を付けて名詞「高さ」，形容詞「高い」，動詞「高まる」を作る。また，複数の語基を用いて「複合語」を作ることもある。「赤とんぼ」の「赤」「とんぼ」，「書き記す」の「書き」「記す」はそれぞれが語基と認められるので複合語である。なお，「さかや（酒屋）」「かざぐるま（風車）」のように複合語を作るときに音の変化を伴うことがある。単独の「さけ」「かぜ」を「露出形」と呼ぶのに対して，前項に立つときに音変化を起こした「さか」「かざ」の方を「被覆形」と呼ぶことがある（有坂秀世，1944「国語にあらはれたる一種の母韻交替について」『国語音韻史の研究』明世堂書店）。

(3) 語彙量

　日常で「語彙が豊富だ」とか「語彙力がある」といった表現を耳にすることがある。こういった「語彙」は，その人が使える語彙の量を問題としている。このように，語彙を数量の面から捉えた場合，「語彙量」と呼ぶ。たとえば，ある文章の語彙量を計るときに，同じ語が繰り返し出現する場合に，それぞれを1として数えるのが延べ語数で，何回出てき

ても同じ語は1と数えるのが異なり語数である。

　日本語の異なり語数がいったいどれくらいあるかは明らかにし難い。目安として，百科項目や固有名詞などを含まない小型の国語辞典では約6〜9万語収録されている。

　話したり書いたりして，日常的に使う語彙を「使用語彙」といい，使わないが理解できる語彙を「理解語彙」という。理解語彙は，専門用語や古語なども含むので使用語彙よりも多くなる。

2. 語彙の諸相

(1) 語種

　日本語の語彙は，日本語に固有の語彙だけで成り立っているわけではなく，外国からの借用語なども多く含まれている。

　日本語に固有の語を和語という。古来，語頭に濁音やラ行音がくることがほとんどなく，音節数の少ないのも形態上の特徴である。また，日常生活によく用いる基本的な語彙が多い。ただし，日本語の系統が不明であるので，認定の困難な場合がある。和語と意識されている語の中でも，「うま（馬）」「うめ（梅）」のように漢語出自のものや，「てら（寺）」「むら（村）」のように古代朝鮮語に由来するものもある。

　漢語は，中国語から借用した語が日本語の中に定着したものであり，外来語というべきものであるが，古来日本語に深く浸透し，量質ともに重要な位置を占めるので，これとは別に扱われる。ただし，近代以降に受容された「マージャン」「ウーロン茶」などは外来語に分類される。また，日本で作られた和製漢語や日本語の中で使用されるうちに意味用法が変化した和化漢語もここに含まれる。この漢語には，呉音読み（「しゅぎょう（修行）」），漢音読み（「こうしん（行進）」），唐音読み（「あんぎゃ（行脚）」）があって（さらにこれらを組み合わせた読みの語や，訓読みと

音読みを組み合わせた重箱読みや湯桶読みのものもある），それぞれ日本に受容された時期によって読み方が異なる。

　外来語は，外国語が日本語の中に流入し，定着した語をいう。ただし，漢語はこれと区別され，語源的には古代朝鮮語やサンスクリット語（「かはら（瓦）」など）のものもあるが，これらは外来語とは認めず，和語として扱うのが普通である。したがって，外来語とは主として16世紀半ば以降に外国語から借用した語を指すのが一般的である。

　以上に加えて，この３種を組み合わせて派生語や複合語を構成する場合があり，これを混種語と呼ぶ。「勉強する」「元気だ」は，漢語と和語が組み合わさったものであり，「タッチする」「スマートだ」は外来語と和語の混種語である。さらに，「海老フライ定食」のように和語，外来語，漢語の３種を組み合わせた複合語もある。

　現代日本語の語種別の分布は，異なり語数で見た場合，漢語が最も高い割合を占め（49.4％），次いで和語（33.2％），外来語（9.0％），混種語（8.4％）となる（『新選国語辞典』第９版，小学館（2011））。

（２）色彩語彙

　平安時代の十二単などを想起する人には古代の色彩語彙は非常に豊富であったように思うかもしれない。しかし，古代日本語の色名は，「あか」「あお」「しろ」「くろ」の４色しかなく，「き」や「みどり」「むらさき」は後に生まれた語である。この４色も，元来は，「あか」は〈あか（明）るし〉，「くろ」は〈くら（暗）し〉のように明度を表す語から派生し，「しろ」は〈しる（著）し〉，「あお」は〈あは（淡）し〉のようにはっきりしているかぼうっとしているかの対比から生まれたと説明されている。「き（黄）」の語源は未詳であるが，「みどり」は〈新芽〉，「むらさき」

は植物の〈紫草（その根が紫色の染料となる）〉から転じたとされる。現代では，これに「ピンク」「ベージュ」「モスグリーン」などの外来語を取り入れていっそう多彩になっている。

　太陽光線をプリズムに通すと虹の帯が現れる。その帯を観察すると，色と色との間に境界はなく連続的であることが分かる。色名は，このスペクトルに節目をつけて呼び分ける。したがって，言語によって，また時代によっても色の呼び分け方が異なる。現代日本語では，虹は7色と認識しているが，古代では「しろ」「くろ」を除いた「あか」か「あお」かの2色で呼んでいたであろう。緑は「あお」の範疇で捉えられており，現代語でも「青葉」「青信号」などという。さらに，方言によっても呼び分け方に違いがあるようで，青森，新潟，岐阜，福岡，沖縄では，青と黄を同じ範疇で捉えて呼ぶといった事例も報告されている。

(3) 親族語彙

　英語を学習し始めた頃，「おとうと」「いもうと」「あに」「あね」のように年上か年下かで呼び分けない brother や sister の訳に戸惑った経験はないであろうか。これは英語の親族語彙と日本語のそれとが異なっているためであり，語彙体系の枠組みが言語によって相違することを示している。和語の場合，「ちち・はは」「むすこ・むすめ」のように親子間，また，「あに・あね」「おとうと・いもうと」のように子同士では男女の性差による呼び分けが見られるのに対して，孫以下には区別が見られない。また，この親族の呼び方については，自分から見て，目上である年長の祖父母，父母，兄弟姉妹に対しては，「おじいちゃん，おばあちゃん，おとうさん，おかあさん，おにいさん，おねえさん」のような親族呼称があるが，目下の家族には，「まご，こども，おとうと，いもうと」といった呼び方は普通せず，固有名で呼ぶ。さらに，「おばあさん，荷物持ちま

しょう」「おじさん，ここ，僕の席ですよ」のように，本来は親族呼称であるが，他人に対して用いることもある。

(4) 身体語彙

　身体部位を表す語彙は，上位に，「あたま」「どう」「て」「あし」を区別し，次の段階として，「あたま」は「あたま」「かお」「くび」に分かれる。この「かお」の下位には「め」「はな」「くち」「みみ」「あご」のような部位があり，さらに「め」は，「め」「めだま」「めじり」「めがしら」「まつげ」などの部位を呼び分ける。このように，身体語彙は上位語に下位語が属する体系を成している。また，身体の外形に表れている部位は和語が多い。これに対して，体内の臓器は「心臓」「肺」「肝臓」「胃」「腸」「膀胱」など漢語に基づくものが多く，さらに江戸時代の蘭学などにおける解剖書の訳語として，「盲腸」「十二指腸」「気管」「神経」といった和製漢語も作られた。

(5) オノマトペ

　オノマトペとは，「ニャーニャー」（猫の鳴き声）や「ドンドン」（戸を叩く音）のように音を写し取った擬音語（片仮名で書かれることが多い）と「きらきら」（輝く様子）や「すべすべ」（皮膚の滑らかな様子）のように聴覚以外の，視覚や触覚に基づく様子を描写した擬態語（平仮名で書かれることが多い）を合わせた語彙をいう。実際の音を写して言語化されたオノマトペは，ソシュールの『一般言語学講義』に説く「言語の恣意性」（＝言語音と意味との無関係性）の例外とされる。

　日本語の語彙の特徴として，オノマトペの豊かさが挙げられることがある。日本語の「泣く」表現は，「エンエン泣く」「ワーワー泣く」「しくしく泣く」「めそめそ泣く」のようにオノマトペ（副詞）でその動作を細

かく言い分けるが，英語ではそれぞれ cry（声を出して泣く），blubber（泣きじゃくる），sob（すすり泣く），whimper（子どもがめそめそ泣く）のように動詞で表現される。

オノマトペの語形は，たとえば，「コロ」について，①繰り返し「コロコロ」，②促音添加「コロッ」，③撥音添加「コロン」，④長音添加「コロー」，⑤リ音添加「コロリ」のような形態を作るが，①は動きの繰り返し，②は瞬時性，すばやさ，③は動きや様子のリズミカルさ，軽やかさ，④は動作状態の長いこと，⑤はある程度の滑らかさ，少しゆっくりした感じを表している（泉邦寿（1976）「擬声語・擬態語の特質」『日本語の語彙と表現』大修館書店）。また，①については，濁音化した「ゴロゴロ」，一部音を交替させて繰り返す「カラコロ」もある。清濁の対立は，「キラキラ」「ギラギラ」，「サラッ」「ザラッ」のように，濁音語形の方が，概して程度が大きく，マイナス評価を伴う。

同じ「ズルズル」という語でも，「蕎麦を―と食する」の場合は擬音語，「課題を―と先延ばしにする」の場合は擬態語である。また，「どきどきする」のように擬音語か擬態語かのいずれか決められない語や，オノマトペとそれ以外との区別も必ずしも容易でない場合がある。

3. 語の意味

（1）意味記述の方法

意味のない言葉は存在しない。しかし，言葉の意味を記述することは，音声や文法以上に難しい。そもそも言葉の意味とは何か。この問いに答えることから始めなければならない。

言葉の意味とは，「指示対象」であるとする考え方，「概念」また「用法」であるという考え方もあるが，それぞれに説明のつかない現象があってどちらの考え方もとれない。語の意味を意義特徴（意義素とも）に分

解し，その束であると捉えて記述することが有効な方法の一つである。

(2) 類義語

「寒い」と「冷たい」，「のぼる」と「あがる」のように，似たような意味を持つ語同士を一般に類義語と呼ぶことがある。「似たような意味」というのは話者の主観的な判断に基づくものであるから，もう少し客観的な説明が必要となる。「似たような意味」と話者が感じるのは，両語の間に共通の意味があるからであろう。しかし，「同じ意味」であるといえないのは，微妙ながらも違いがあると認識しているからである。そこで，類義語は，共通の意義特徴と弁別的意義特徴とで説明することができる。たとえば，「のぼる」と「あがる」が，《下から上への移動》を表すという共通の意義特徴を有している。両者の意味が同じでないと感じるのは，「のぼる」が《移動の過程》に焦点があるのに対して，「あがる」は《移動の到達点》に焦点があるためであって，これが弁別的意義特徴である。

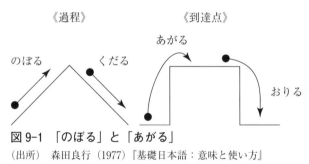

図9-1 「のぼる」と「あがる」
（出所）　森田良行（1977）『基礎日本語：意味と使い方』

「ごはん」と「ライス」は指示対象は同じで，同義語と呼ばれることがある。しかし，和食の米飯は「ごはん」で，洋食のそれは「ライス」という呼び分けがあり，場面や文脈的な意味に違いがある。このように考

えると，厳密な意味での同義語は存在しないということになる。

(3) 反義語

　共通の意味領域にある語で，ある意義特徴において対立する関係にある語を反義語と（対義語とも）いう。「上」に対する「下」，「男」に対する「女」，「右」に対する「左」といった類である。この反義語は，共通の意味領域にあるので，類義語の一種ととらえられることもある。反義語は，相補的な関係，つまり，一方でなければもう一方であるという関係にある。これに対して，対照語と呼ばれるものがあり，「白」に対して「黒」や「赤」，「朝」に対して「晩」といった類で，相補的な関係ではないが，色名や時間区分のセットで用いられる語群をいう。

　動詞には「行く」と「来る」，「あげる（くれる）」と「もらう」のような方向性を持つ語などに対義語が認められ，形容詞にも「古い」と「新しい」，「大きい」と「小さい」，「遠い」と「近い」などの対義語がある。ただし，「若い」に対する対義の形容詞は存在せず，「女流」に対して「男流」が存在しないなど，対義関係には非対称性が見られる場合がある。

(4) 多義語

　国語辞典を引くと，複数の意味項目が挙がっていて総じて記述量が多い語がある。こういった多くの意味を持つ語を多義語と呼ぶ。たとえば，「あう」という動詞は，①一つになる，適合する。（「つじつまが―・う」「計算が―・う」「日本酒に・―うつまみ」）②顔を合わせる。対面する。（「喫茶店で―・う約束」）③出会う。落ち合う。（「恋人に―・う」）④好ましくないことに出くわす。（「スリの被害に―・う」）などの複数の意味がある。こういった多義語について，和語の場合には，同訓異字といって，①「合」，②「会」，③「逢」，④「遭」のように漢字で書き分け

ることもある。

4．語彙史

（1）語源と語誌

　『古事記』に，ヤマトタケルが地方豪族を平定し弱った体で故郷大和を目指すが，険しい山を越えることはできずに力尽きて亡くなる件がある。その険しさは三度膝がガクガクするほどであり，そこでこの地を「三重」というのだという地名の由来を説いている。また，『竹取物語』に，帝が天の王からもらった「不死の薬」を棄てた山を「ふじの山」と名付けたという話がある。このように，古来，語源についての関心は高く，江戸時代には，『和句解』（松永貞徳，1662），『日本釈名』（貝原益軒，1699）など語源を説いた書物も多く版行されている。この関心の高さは，現代に至るまで脈々と受け継がれており，それは，テレビのクイズ番組にしばしば語源が話題にされていることなどからも知られる。

　しかし，この関心の高さに反して，語源の探求には多くの困難を伴い，客観的に根拠を求めることは容易ではない。ともすれば恣意的な解釈に陥りがちである。《よく寝る》から「ねこ」，《もちもちしている》から「もち」など，語源の説はたくさんあるがどれも信憑性に欠け，語源俗解（民間語源説）というべきものである。そこで，手続き上，まずは，語の使用例を文献に求め，その使用状況を記述する語誌研究から出発することが必要とされる。『日本国語大辞典』（第2版，小学館，2000）には，「語源説」の欄に江戸時代の書物等に掲載されている語源の説を挙げ，それとは別に「語誌」欄を設けて古文献の使用例に基づき，客観的に当該語の由来や意味用法の変化，位相，歴史的背景などについて記述されている。

(2) 語彙史の記述

　語彙の総体について，史的変遷を記述することは難しい。そこで，特定の意味領域に限って部分的に記述することなどが試みられている。たとえば，身体語彙のうち，「指」に注目して，その下位語である「親指」「人差し指」「中指」「薬指」「小指」のそれぞれについて変遷をたどるといった記述例がある。「親指」は，11世紀中頃まで「オホオヨビ」といい，これ以降「オホヨビ」となり，さらに「オホユビ」から「オユビ（オヨビ）」（一時期「ダイシ」とも），「オヤユビ」と語形が変わる。「薬指」は，古代には，「ナナシノオヨビ」といい，これが「ナナシノオユビ（ナ

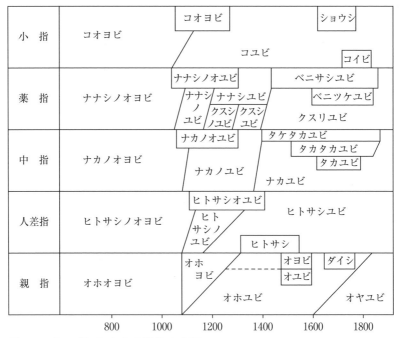

図 9-2　「ユビ」をめぐる語彙の変遷
（出所）　前田（1985）『国語語彙史研究』

ナシノユビ)」となって，12世以降に「クスシノユビ（クスシユビ）」となり，中世後期あたりに現代語形の「クスリユビ」が出現するが，この頃から近世にかけて「ベニサシユビ」「ベニツケユビ」も見られる。

（3）漢語・外来語の受容

　現代語における語種に，和語，漢語，外来語および混種語があることは先に述べたところであるが，これを歴史的に見た場合に，固有語以外の漢語や外来語が，いつ，どのように受容されたかといった問題がある。

　漢語は，和語と区別がつかないほどその受容は古く，『万葉集』のような歌謡にさえ，「布施」「法師」「無何有（ムカウ）」といった漢語の使用が見られる。また，漢語に「す」や「し」の語尾を添加して動詞や形容詞として用いるといった文法機能の変化や，意味用法を変化させて用いられるようになった漢語（「和化漢語」と呼ぶ）もある。さらに，中世以降，「和製漢語」といって日本で作られた漢語も見られるようになる。これには，「おほね」に漢字「大根」を当てこれを音読したダイコン（「かへりごと」→「返事」＝ヘンジなども類例）や，論語の「仁者楽山」を短縮して「仁山（じんざん）」（天子の意）となるといった造語法がある。

　幕末明治の時期は，とりわけ漢語が急激に増加する。これには和製漢語の「哲学」「郵便」「理想」「概念」「目的」の他，「革命」「文化」「文明」「関係」「印象」といった中国古典の意味から転用したもの，また，「電気」「地球」「銀行」などは中国語から直接借用したものであり，これらのいわゆる新漢語は，日本の近代化に伴い，新知識を表現するのに必要とされた。

　漢語を除く，外来語の受容の最初は，16世紀から17世紀初めにかけて，キリスト教宣教師らがもたらしたポルトガル語（「パン」「カステラ」「ボタン」など）やスペイン語（「メリヤス」など）である。次に，近世

の鎖国時代にも交易が行われたことからオランダ語の受容があった。蘭学の確立に伴い,「アルコール」「レンズ」「ガラス」などの用語が日本語に入ることとなった。第三には,幕末明治以降で,英語を中心にフランス語やドイツ語などさまざまな外来語が受容されることとなった。フランス語は主としてファッション・料理・芸術といった分野に,ドイツ語は医学,哲学,山岳の分野に多く見られ,当然のことながらそれぞれの外来語はどの国から何を摂取したかと深くかかわっている。

5. 現代社会と語彙

(1) 方言社会の生活語彙

　ブリとハマチは魚種は同じで,出世魚と呼ばれることはよく知られることだが,漁村に行くと,さらに,ワカナ→ツバス→イナダ→ハマチ→ブリ(南紀地方など)のように細かく言い分けられる。これは漁を生業とする地域ではそれだけ魚への関心が高いことを物語っている。また,太宰治は『津軽』の冒頭に「津軽の雪」として「こな雪,つぶ雪,わた雪,みず雪,かた雪,ざらめ雪,こおり雪(東奥年鑑より)」の七つを掲げているが,豪雪地帯では,共通語にはない雪の語彙が多数あることも知られている。このように語彙のあり方は方言社会において,その生活実態を強く反映することがある。方言社会の語彙を「生活語彙」として捉えてみることで,土地の人々の生活の姿が見えてくる。

(2) 性差・年齢差と語彙

　日本語の語彙には,(1)の地域差のほか,性差,年齢差,待遇差などによってさまざまな位相語が認められ,豊かな世界を作り出している。現代では,男女の違いは社会的,文化的,歴史的に形成されたものと捉えるジェンダー(gender)の意識が高まり,男性語,女性語を見直す鍵

となっている。また，年齢によっても，幼児語から，若者言葉，老人語といった差が認められ，若者と老人とでは言葉遣いの意識も異なっている。

　さらに，話題の人物，聞き手などの年齢や立場，場面や状況によって言葉を使い分ける待遇表現も日本語では発達している。上向きに待遇するのが「敬語」であり，下向きに扱うのが「軽卑語」である。現代の敬語の分類は，2007年文化審議会の答申では，従来の尊敬語・謙譲語・丁寧語の３分類から，尊敬語・謙譲語Ⅰ・謙譲語Ⅱ・丁寧語・美化語の５分類となっている。このほか，新語・流行語があり，現代社会のあり方を強く反映している。また，すでに室町時代末のキリスト教宣教師たちが注意しているように，手紙用語には特有の語彙が使用される。さらには，隠語，集団語，文芸の言葉など多彩な位相語が存する。

（３）辞書

　辞書は，その規模によって，大型，中型，小型の三つに分けられる。大型辞書の例としては，収録語数約50万語の『日本国語大辞典』（小学館）が挙げられる。中型辞書では，20万語規模の１冊本『広辞苑』（岩波書店）と『大辞林』（三省堂）が代表的なものである。10万語以下の規模のものが小型辞典である。比喩的にいうと，大型は語彙の戸籍帳のようなもので公共機関に備えられるべき辞書，中型は，固有名や専門用語などの百科項目を含み，家庭に１冊備えられるべき辞書，小型は個人用に持ち運べるハンディなタイプといえるが，最近では，電子辞書の普及により，中型辞書が携行できるようになったことは特筆すべきことである。

10 | 日本語の文字と表記

月本雅幸

《**目標＆ポイント**》 日本語は漢字，平仮名，片仮名，ローマ字によって表記されるが，それらの文字が使われるようになった経緯を考える。また，仮名遣いや国字問題の諸説についても概観する。
《**キーワード**》 漢字，平仮名，片仮名，ローマ字，仮名遣い，国字問題，漢字制限論

1. 日本語の文字

　日本語を書き表すのに用いられる文字は，漢字，平仮名，片仮名，ローマ字である。本章では，これらの文字によって日本語がどのように書き表されてきたか，そしてどのような問題を持っているか，明らかにしていきたい。

2. 漢字

　日本語は本来，それを書き表すための文字を持っていなかった。しかし，そもそも古代にあって，文字を持っていた言語は決して多くなかったから，このこと自体は日本語にとってなんら不名誉なことではない。中世以後，日本語にも本来独自の文字があったとする，いわゆる「神代文字」の説が行われるようになるが，科学的にはこれを証明することはできない。そもそも「文字」を意味する和語（やまとことば）は用意されておらず，たとえば「ふみ」は「文」の音読みなのであった。そこで，

日本語が文字を導入しようとした場合，当時としては東アジアでおそらく唯一の文字であった漢字を導入せざるを得なかったのである。

　漢字は紀元前 14 世紀，商（殷）王朝の頃，既にその祖先である「甲骨文字」があり，獣の骨などに小刀で占いの結果などを刻み付けたものである。次いで金属や石に刻み付けられ，さらに筆と墨によって竹簡，木簡，布，紙に書かれるようになった。

　日本に漢字が伝わった時期は，考古学的な遺物の点からは 1 世紀と見られるが，これはあくまでも漢字を鋳出した中国の貨幣が日本の遺跡から出土するということであって，日本人が組織的に漢字を学習し，使用するようになるのは西暦 400 年頃であろうと推定される。日本への漢字の移入のルートはおそらく，朝鮮半島の百済からであろう。

　日本で書かれた漢字の最古の例の一つは「稲荷山古墳 出 土鉄剣銘」に見られる。これは 471 年に鉄の剣に刻みつけられたと見られるもので，全文は次のようなものである。

　　　　辛亥年七月中記。乎獲居臣。上祖名意富比垝。其児多加利足尼。其児名弖已加利獲居。其児名多加披次獲居。其児名多沙鬼獲居。其児名半弖比。其児名加差披余。其児名乎獲居臣。世々為杖刀人首奉事来至今。獲加多支鹵大王寺在斯鬼宮時、吾左治天下、令作此百練利刀、記吾奉事根原也

　　　　（訓読の一例：辛亥の年七月中、記す。ヲワケの臣。上祖、名はオホヒコ。其の児、タカリのスクネ。其の児、名はテヨカリワケ。其の児、名はタカヒシワケ。其の児、名はタサキワケ。其の児、名はハテヒ。其の児、名はカサヒヨ。其の児、名はヲワケの臣。世々、杖刀人の首と為り、奉事し来り今に至る。ワカタケルの大王の寺、シキの宮に在る時、吾、天下を左治し、此の百練の利刀を作らしめ、吾が奉事の根原を記す也）

この文は正式の漢文，即ち中国古典文語文であり，非常に古い時代に書かれたものはいずれもほぼ同様に漢文であると見られる。つまり，日本に漢字が伝わってすぐに書かれた文章は日本語ではなく，中国語であったのである。これは意外なことにも思えるが，漢字は本来中国語を書き表すための文字であり，日本人がそれを学び始めた段階では，まだまだ日本語の文章を漢字によって表記する工夫が考え出されていなかったのである。ここで注意されるのは文中に漢字の表音的用法で「ヲワケ」「オホヒコ」など9名の人名，また「シキ」の地名が記されている。これは後世「万葉仮名」と呼ばれるもので，これは意味と無関係に漢字の読み方だけを用いて日本語を表す方式である。これはやがて平仮名，片仮名につながっていくものであり，非常に重要である。

　なお，漢字に影響されて，日本において作られた漢字のような文字がある。これは漢字の構成法を模倣したもので，榊，峠，辻，畠などがその例であるが，これらを国字または和製漢字と呼ぶ。

3. 平仮名

　万葉仮名を使い続けるうちに，昔の日本人は次第に不便を感ずるようになった。それは万葉仮名と言っても，その本質は漢字であり，当然漢字としての形を持っている以上，一文字を書くのに時間を要するからであった。この解決策として考え出されたのが，平仮名と片仮名である。平仮名と片仮名とでは構成原理が異なり，平仮名は万葉仮名を崩して（つまり曲線的に変形して）書く時間を短縮したものであるのに対し，片仮名は万葉仮名の形を部分的に省略するもので，これによって筆記に要する時間を節約したのである。

　こうして平仮名と片仮名は同じ目的で，しかし異なった手段で万葉仮名から作られたが，その成立の時期はいずれも西暦800年頃と見られて

〔閑〕〔可〕〔加〕〔悪〕〔阿〕〔安〕

図 10-1　平仮名の実例（笠間影印叢刊刊行会（1972）『字典かな』笠間書院より作成）

いる。ならば、なぜ同じ目的で２種類の文字が作られたのかという疑問が起こってくる。その疑問に対する答えとしては、平仮名と片仮名ではそれを考え出した人々の集団がおおむね異なっていたと言ってよいであろう。つまり、ほぼ同じ時期に万葉仮名に不便を感じていた人々が、それぞれより効率的な日本語の書き表し方として平仮名と片仮名を考え出したのである。中国の漢字を母胎としながらも、日本人にとって使い勝手のよい文字を作ったところに独自性と工夫が感じられる。

　平仮名は万葉仮名を手早く書けるように形を崩して書いたものである。ただし、万葉仮名を崩して一度に平仮名ができたのではなく。まず、万葉仮名の草書体である草仮名ができ、さらにそれを崩して、もはや漢字の草書体とは見られないところまできたのが平仮名ということになる。このように草仮名という概念を設定するのは、他ならぬ平安時代の人々が草仮名というものの存在を意識し、「さう」や「さうのかんな」と呼んでいたことによる（ちなみに平仮名のことは「かんな」と呼んでいた）。

　平仮名は万葉仮名を用いて日本語の文章を大量に書いた人々、すなわち男性貴族官僚によって案出されたと見られる。後に平仮名は「女手」（女性の文字の意）とされ、貴族女性達によって使用され、女流文学作品を書く文字となったが、発明したのはあくまでも男性貴族であったと考えられるのである。

万葉仮名には，たとえば「か」であれば「可」「加」「閑」などがあったから，それを崩してできる平仮名にも複数のものがあった。この状況は平仮名成立のときから後世にいたるまで継続していたが，1900年にいたり，当時の文部省は小学校で教える平仮名の形を一つの音ごとに1種類に限定することにした（小学校令施行規則）。現在我々が使用している平仮名の形がそれにあたり，同規則で取り上げられなかったものは「変体仮名」と呼ばれるようになった。

4. 片仮名

　片仮名は，前述の万葉仮名の字画の一部を省略してできたものである。古く「かたかんな」（「不完全な仮名」の意）と呼ばれたが，「不完全」というのは，形の上で漢字の完全な形を示していないからである。アは「阿」のこざとへん，イは「伊」のにんべん，ウは「宇」のうかんむり，エは「江」のつくり，オは「於」のへんを古く「オ」のように書いたものからきており，いずれも漢字の一部分である。

　片仮名は漢文訓読の世界で発生した。その時期は800年頃で，奈良の大きな仏教寺院の学僧の手によるものと考えられている。師僧の講義を聞きながら，漢字の読み方を手早く記入するためのものであり，漢字の傍訓のための文字であったから，本来は自分にだけ読めればよいあくまでも個人的なメモの類であった。たとえばある僧は「伊」から「イ」という片仮名を作り，[i]と読んだが，別の学僧は「佐」から「イ」という片仮名を作り，[sa]と読んだと考えられている。つまり，初めのうちは片仮名は個人により方式を異にしていたと見られる。やがて社会的に統一され，12世紀には個人に依存する形は見られなくなる。

　ただし，このような経緯から，片仮名は漢字とともに書かれること，また学問の世界で使われるという性格は後世まで残っていった。

5. 仮名遣い

　平仮名，片仮名は上に見たように 800 年頃に成立したと見られるが，平安時代を通じて広く使用されるうちに問題が発生した。その問題は，次のようなものである。平仮名，片仮名は 800 年頃の日本語の音韻体系と対応した形で成立したのであり，つまりは仮名が音とうまく対応していた。ところが，やがて日本語の音韻変化が起こり，その対応関係が崩れてしまうことになった。この音韻変化の詳細については第 3 章に譲ることとするが，たとえば，11 世紀初め頃から語頭の「お」[o] と「を」[wo] は統合して [wo] となった。しかし，このような変化が起こったことを当時の人は知るべくもなかったから，逆に [wo] で始まる語を書き表す際に，「お」と「を」のどちらを使うべきかが分からなくなってしまったわけである。もちろん，どのように書いても構わないという立場もあり得るわけであり，実は多くの場合，そのように考えられていたのであったが，貴族の歌人などの間では特に平仮名で古典文学作品を書写する場合には一定の基準に従うべきであるという考えが発生した。このように，音韻変化により同音となった複数の仮名を使い分ける基準を「仮名遣い」と呼ぶ。仮名遣いの有名なものとしては鎌倉時代の歌人藤原定家（1162〜1241）が作ったとされる「定家仮名遣い」がある。定家が立てた基準は多くの場合，彼が独自に考案したものであったようだが，「お」と「を」の使い分けについては，アクセントの低いものは「お」，高いものは「を」という基準を立てたことが分かっている。

　江戸時代の僧侶・国学者の契沖（1640〜1701）は定家仮名遣いとは異なり，950 年以前（種々の音韻変化が起こる前）の文献から，それ以前の仮名の用法の実例を探り，それに従って仮名遣いを決めるべきであると主張し，その著『和字正濫鈔』（1695 年刊）においてそれを実行した。契沖

の方式は国学者の間に次第に広まっていき，明治政府はこれを採用し，学校教育によって普及を図った。これを「歴史的仮名遣い」と呼ぶ。つまり，この歴史的仮名遣いは 10 世紀以前のあり方を 19，20 世紀に復古的に再現しようとしたものなのである。したがって，10 世紀半ば以後，江戸時代までの大部分の日本人は歴史的仮名遣いなどは知らなかったことに注意しなければならない。

　1946 年にいたり，「現代かなづかい」が内閣告示によって示された。これは「現代語音にもとづいて，現代語をかなで書きあらわす場合の準則」であり，表音的なものであるが，長音に「おう」と「おお」を区別すること，助詞の「を」「は」「へ」は歴史的仮名遣いの書き方に従うこと，「言う」は「いう」とすることなどがあり，純粋に表音的なものではない。1986 年には「現代仮名遣い」となって，「前書き」で「歴史的仮名遣いが，我が国の歴史や文化に深いかかわりをもつものとして，尊重されるべきことは言うまでもない」などの文言が追加されている。

6. ローマ字

　日本語をローマ字で書き表すことは 16 世紀から始まった。第 12 章でも述べるが，16 世紀にはヨーロッパからキリスト教の宣教師達が日本を訪れ，キリスト教の布教を行った。彼らは語学書（辞書，文法書，読本）を作るに際して，日本語をポルトガル語に基づく方式のローマ字により書き表した。たとえばキを qui，シを xi とするようなものであり，後世の方式とはかなり異なったものであった。ただし，この方式は江戸幕府のキリシタン弾圧により，後にはまったく伝わらなかった。江戸時代の後期にはオランダ語で書かれた書物の解読研究（蘭学）が行われ，蘭学者の間でオランダ語に基づいたローマ字が行われたこともあったが，世に広まることはなかった。

日本語を本格的にローマ字で表記するようになったのは，開国後である。当初は種々の方式が考案されたが，その中で次第に有力なものが現れた。その一つがヘボン式と呼ばれるものである。これはアメリカ人のキリスト教宣教師ヘボン (James Curtis Hepburn, 1815～1911, 自ら「平文先生」と称した) が考案したものである。ヘボンは日本で最初の和英辞典「和英語林集成」を編集刊行した (初版は1867年) が，日本語のローマ字表記について試行錯誤の末，その本の第三版 (1886) で採用したのが，後にヘボン式と呼ばれるようになった方式である。しかしこのヘボン式は主として英語を念頭に置いた綴り方であったために，田中舘愛橘 (1856～1952) らはそれを不適当とし，五十音図に基づいた別の方式を主張した。これを後に日本式と呼ぶようになった。この二つの方式を主張する個人・団体は対立して互いに譲らなかったこともあり，政府は1937年に「国語ローマ字綴リ方ニ関スル件」として，ヘボン式とも日本式とも異なる方式を提示した。これが訓令式と呼ばれる方式である。しかしながら，これによっても我が国におけるローマ字の綴り方の方式は現実には統一されなかった。これらの方式の相違を表10-1に示す。

　日本式は五十音図の同じ縦の行では同じ子音字を用いるほか，助詞の「を」をwoと書き，字音語で「か」「が」と区別して「くゎ」「ぐゎ」のある場合にはそれぞれkwa，gwaと綴り，「じ」と「ぢ」，「ず」と「づ」を区別するなどの特徴がある。ヘボン式は撥音は原則としてnとするものの，m，p，bの前ではmとすること，促音は子音字を重ねてkatte (買って) などとするものの，「一丁目」のようにcが重なるときにはtcとしてitchomeとすることなどが特徴である。

　現行の「ローマ字のつづり方」(1954) では訓令式を本則としながらも (ただし，長音の記し方など若干の相違がある)，「国際的関係その他従来の慣例をにわかに改めがたい事情にある場合に限り」としてヘボン式や

表 10-1　ローマ字の表

	a	i	u	e	o					
ア	a	i	u	e	o					
カ	ka	ki	ku	ke	ko	ガ	ga	gi	gu	ge	go
	[kwa]（特別な場合のみ）									
サ	sa	si	su	se	so	ザ	za	zi	zu	ze	zo
		shi						**ji**			
タ	ta	ti	tu	te	to	ダ	da	zi	zu	de	do
		chi	**tsu**					**ji**			
								[di]	[du]		
ナ	na	ni	nu	ne	no					
ハ	ha	hi	hu	he	ho	バ	ba	bi	bu	be	bo
			fu							
						パ	pa	pi	pu	pe	po
マ	ma	mi	mu	me	mo					
ヤ	ya		yu		yo					
ラ	ra	ri	ru	re	ro					
ワ	wa			[wo]（特別な場合のみ）						
キャ	kya	kyu	kyo			ギャ	gya	gyu	gyo	
シャ	sya	syu	syo			ジャ	zya	zyu	zyo	
	sha	**shu**	**sho**				**ja**	**ju**	**jo**	
チャ	tya	tyu	tyo			ヂャ	zya	zyu	zyo	
	cha	**chu**	**cho**				**ja**	**ju**	**jo**	
							[dya]	[dyu]	[dyo]	
ニャ	nya	nyu	nyo							
ヒャ	hya	hyu	hyo			ビャ	bya	byu	byo	
						ピャ	pya	pyu	pyo	
ミャ	mya	myu	myo							
リャ	rya	ryu	ryo							

（注）訓令式を基準とする。太字はヘボン式，[　]に包んだものは日本式。

日本式も認める形をとっている。現在でも小学校の国語科で指導されるものは訓令式、多くの交通事業者の駅名等の標示はヘボン式と、我が国におけるローマ字の綴り方は統一されていないのが実情である。なお、オの長音「オー」や「おう」「おお」をローマ字で表すのに oh の綴りが使われることがあるが、これは訓令式、ヘボン式、日本式のいずれにもよっていないことが注意される。

7. 国字問題

日本語を書き表すのにどのような文字を使うべきかという問題を国字問題と呼ぶ。

日本人にとって、非常に多くの字数のある漢字を学ぶことが大きな負担になっているという考えは、既に16世紀、キリシタンの宣教師達の間にあった。ルイス・フロイス (Luis Frois, 1532～97) の著書にはヨーロッパ人と日本人を対比して、次のように述べた部分がある。

> われわれ（ヨーロッパ人）は書物から多くの技術や知識を学ぶ。彼ら（日本人）は全生涯を文字の意味を理解することに費やす。（『ヨーロッパ文化と日本文化』）

日本人としてこの考え方を示したのは前島密（1835～1919、後に日本の郵便事業の祖とされるが、当時は開成所翻訳官であった）である。1867年に彼が第15代将軍徳川慶喜に提出した建白書「漢字御廃止之議」では、

> 国家の大本は国民の教育にして、其の教育は士民を論ぜず、国民に普からしめ、之れを普からしめんには、成る可く簡易なる文字文章を用ひざる可からず。（中略）果して然らば御国に於ても西洋諸国の如く音符字（仮名字）を用ひて教育を布かれ、漢字は用ひられず、終には日常公私の文に漢字の用を御廃止相成候様にと奉存候。（適宜濁点、句読点を補った）

とし、広く国民に教育を普及させるためには漢字を廃止することが必要であるとの見解を示した。このことは次の一節を見ればより明確であろう。

　然るに此の教育に漢字を用ひるときは其字形と音訓を学習し候為長日月を費やし成業の期を遅緩ならしめ、また其学び難く習ひ易からざるを以て、就学する者甚だ稀少の割合に相成候。

実際には国民の多くが就学したわけであるから、現在の視点からすれば、前島の主張には異論もあることであろう。しかし、明治・大正の頃には漢字を廃止することが日本の発展に重要であると考える人々は決して少なくはなかったのであった。

しかし、問題は漢字を廃止したとして、次に日本語をどのような文字で書き表すかということであった。そのあり方として主張された方法は次のようなものであった。

・平仮名のみを用いる（平仮名専用論）
・片仮名のみを用いる（片仮名専用論）
・ローマ字を用いる（ローマ字専用論）
・新しい文字を作り、それを用いる（新字採用論）

このうち、平仮名専用論はやがて衰え、また新字採用論は多くの賛同が得られなかったので、結局片仮名専用論とローマ字専用論が盛んに行われることになった。

片仮名専用論の場合、日本語文を全文片仮名で書くと、どこで区切れるかが不明確になるため、語と語の間を空けるいわゆる分かち書きを採用することになるし、また、特に漢語を片仮名書きにすると、たとえば「カンショウ」が鑑賞、観賞、観照、干渉、感傷、環礁、緩衝、冠省、勧奨など、同音異義語が多い場合、意味がよく分からなくなってしまうため、分かりやすい言い換えをしなくてはならなくなる。つまり単に漢字を廃して片仮名に置き換えればよいというものではなく、表記の新しい

ルールと，特に漢語については分かりやすい言い換えが必要になってくるのである。

　ローマ字専用論の場合には，その綴り方が問題となる。ローマ字の綴り方の諸方式とその対立については，前述した通りである。片仮名専用論において問題になった，分かち書きや漢語の言い換えは，片仮名専用論が実施されない限りは問題とならないが，ローマ字の場合，漢字が廃止されなくても，英語など，他の言語の文章中に日本語の固有名詞（地名，人名など）を取り入れる際に直ちに問題となるので，ローマ字専用論が実行されていない現在にあっても，ローマ字の綴り方の問題はなお検討すべき課題として残されているというべきであろう。

8. 漢字制限論

　他方，漢字を使用し続けるにしても，日常的に用いる漢字の種類と読み方を限定し，学習や記憶の負担を軽減しようという考え方もあった。福沢諭吉（1835〜1901）の「文字之教(もじのおしえ)」（1873）がその最初のものとされる。この立場から，前述の小学校令施行規則（1900）でも小学校で教える漢字を約1,200字とする基準が表の形で示されている。また広く社会に適用する漢字制限の案としては，1923年の「常用漢字表」（現在のものとは別，1,962字）をはじめとして各種のものが提案されたが，それが国家レベルで採用されたのは，1946年の「当用漢字表」（1,850字）が最初であった。これは前述の「現代かなづかい」と同時に内閣告示により施行され，第二次大戦後の国語政策の大きな柱となったものである。この「当用漢字表」は1981年には「常用漢字表」（1,945字）となり，さらに2010年には改訂されてそこに収められた漢字の数は2,136字となり，現在にいたっている。

　しかし，ある面でこの漢字制限が日本人の生活に大きな影響を与えた

ことは案外気付かれていない。現在の戸籍法第50条には次のような規定がある。

　　　　子の名には，常用平易な文字を用いなければならない。
　　2　常用平易な文字の範囲は，法務省令でこれを定める。

とあって，新生児の命名，出生届で使用できる文字の範囲に制限が発生したのである。問題は何が「常用平易な文字」であるかということで，その範囲は戸籍法施行規則第60条で規定されている。これが「当用漢字表」制定時には，当用漢字表に掲載された漢字，平仮名（変体仮名を除く），片仮名であったため，子の命名に使おうとした漢字が戸籍に登載できなかった例が少なくなかったとされる。そこで国民の要望に応える形で，1951年には「人名用漢字別表」として92字の漢字が，当用漢字表になくても子の名に使えるようになった。この字数は次第に増加し，種々の経緯を経て2009年には985字にまでなったが，2010年の「常用漢字表」改訂に際して，このうち129字が新たに常用漢字となったために削除され，逆に常用漢字から削除された5字が人名用漢字に加わり，結局2015年1月現在で人名用漢字は862字となっている。常用漢字や人名用漢字については，今後も時代の変化に従って，随時再検討が行われるものと見込まれる。

9．今後の課題

　日本語を母語とする者にとって，日本語を漢字，平仮名，片仮名，ローマ字で書き表すこと，またその方式についてはあたかも自明のことのように感じられる。しかし，これまで見たように，平仮名，片仮名については仮名遣い，また漢字やローマ字にも種々の問題があり，今後これをどのように扱っていくか，さらなる検討が必要であるように思われるのである。

11 | 日本語の文体

山本真吾

《**目標＆ポイント**》 日本語の文体をマクロな視点から捉えて古代から現代までの変遷をたどり，日本語にどのような文体範疇が存するかを順次見ていく。
《**キーワード**》 変体漢文，宣命体，和文体，漢文訓読体，記録体，和漢混淆文，普通文，言文一致

1．文体とは

　「村上春樹の文体」「履歴書の文体にはデス・マスは使わない」などと日常生活でよく耳にする。この「文体」という言葉の使い方はさまざまで，言葉を成り立たせる，音声，文字，文法，語彙などの他の諸要素とは異なって，定義が難しい。
　学者の数だけあるといわれる文体の定義は，広く捉えると話し言葉も含み，逆に狭く定義すれば言語芸術としての文学作品のみを対象とする場合もある。この章では，「漢文訓読体」「言文一致体」のように，大きく範疇化して捉えられる日本語の書き言葉の文体について，その歴史的変遷を概観してみたい。したがって，作家の文体特徴といった個性的なレベルの文体については取り上げない。

2．奈良時代以前の文体――漢字専用時代

（1）漢文

　奈良時代以前には，いわゆる平仮名・片仮名がまだ成立しておらず（当

然ローマ字も），漢字専用の時代であった。一般に，文体は，語彙・語法などの言葉の諸要素の特徴を指標として規定されるが，奈良時代以前には漢字しかなく，文字・表記上の制約があって，おのずとこのレベルでの範疇化を行うしかない。

　中国で誕生した漢字の影響を受けこれを自国の文字として取り入れた周辺の国々は文章レベルでは漢文を受容し，これに倣って文章を綴った。朝鮮半島ではいわゆる「俗漢文」と呼称される韓国語式の漢文が案出されたが，これと同様に，漢文の語法を取り込みながら漢字のみによって日本語話者も文章を綴るようになった。対外的に当時の中国語話者に理解されることを想定して書かれた漢文は中国の漢文（「正式漢文」「純漢文」とも）に準拠して書かれているため，日本語的要素があまり目立たないが，それでも意図せず混入することがある（これを「和習（臭）」と呼ぶ）。これとは別に，必ずしも対外的意味を持たず，最初から日本語話者目当てに書かれた漢文もある。中国語話者の記した正式漢文に対して，こうした日本人の書いた漢文を「変体漢文」「和化漢文」「漢式和文」などと呼称して下位の範疇化も試みられているが，用語の問題も含み，今なお学界で議論されている。

　前者には，『懐風藻』といった漢詩文集や舎人親王らの撰述した『日本書紀』があり，後者には太安万侶撰『古事記』がある。

　天地創造の同じ内容を扱った箇所でも，『古事記』と『日本書紀』とでは次のように文体は異なっている。

① **古事記**

　天地初めて発れし時に，高天原に成りし神の名は，天之御中主神《高の下の天を訓みてアマと云ふ。下此に效へ》。次に，高御産巣日神。次に神産巣日神。此の三柱の神は，並に独神と成り坐して身を隠しき。…是に天つ神諸の命以て，伊邪那岐命，伊邪那美命の二

柱の神に詔はく,「是のただよへる国を修理ひ固め成せ」とのりたまふ,天の沼矛を賜ひて,言依し賜ひき（上巻）（原文：天地初開之時,於高天原成神名,天之御中主神。訓高下天云阿麻。下效此。次高御産巣日神。次神産巣日神。此三柱神者,並独神成坐而隠身也。…於是天神諸命以,詔伊邪那岐命,伊邪那美命,二柱神,修理固成是多陀用弊流之国,賜天沼矛而,言依賜也)

② **日本書紀**
　　古に天地未だ剖れず,陰陽分れず,渾沌にして鶏子のごとく,溟涬にして牙を含めり。其の清陽なる者は,薄靡きて天に為り,重濁なる者は,淹滞りて地に為るに及りて,精妙の合摶すること易く,重濁の凝竭すること難し。故,天先づ成りて地後に定まる。然して後に神聖其の中に生れり（巻第一・神代上）（原文：古天地未剖,陰陽不分,渾沌如鶏子,溟涬而含牙。及其清陽者,薄靡而為天,重濁者,淹滞而為地,精妙之合摶易,重濁之凝竭難。故天先成而地後定。然後,神聖生其中焉)

①は元明天皇の命によって語り部稗田阿礼の誦んずるところを漢字のみを用いて日本語の文章として綴ったもので,日本語的要素を随所に指摘することができる。これに対して,②は対句を用いた,中国古典文に近い文体である。

（2）万葉仮名文

　　いはばしる　垂水の上の早蕨の　もえ出る春になりにけるかも（巻第八,春雑歌,1418,志貴皇子懽御歌）

高校の教科書で教わった万葉集は,おそらく上のように漢字と平仮名で書かれていたであろう。しかし,実際には,次のような書き方であってやはり漢字のみで綴られている。

石激　垂見之上乃　左和良妣乃　毛要出春尓　成来鴨

「石激」「垂見」「上」「出」「春」「成」「来」が，その漢字の意味を使って綴っているのに対して，「左和良妣（さわらび）」「毛要（もえ）」「鴨（かも）」などは漢字の意味を捨てて音や訓の読みを用いて表音的に漢字を用いている。このような「万葉仮名」を交えて日本語の文章を綴ることも行われた。正倉院文書や木簡の文などがこれで綴られたが，『万葉集』などの歌謡に多く用いられて，韻文の表記体としての地位を獲得した。

（3）宣命体

　　かく聞し看し来る天日嗣高御座の業は，天に坐す神地に坐す神の，相ひうづなひ奉り相ひ扶け奉ることに依りてし，此の座に平く安く御坐して天下は知らしめす物に在らじとなも神ながら念しめす

（天平宝字2〈758〉年8月，孝謙天皇譲位宣命，第22詔，正倉院文書）（原文：加久聞看来天日嗣高御座乃業波，天坐神地坐神乃，相宇豆奈比奉相扶奉事尓依弖之，此座平安御坐弖，天下者所知物尓在自止奈母，随神所念行須）

全文漢字表記であることに変わりないが，概念語は正訓で大きく綴られるのに対して，助詞や活用語尾の類は万葉仮名を用いて小さく書かれていて，文法的働きの違いによって漢字の大きさが異なる。これは特に天皇の命令を宣布する文書宣命に採用されたので，宣命体と呼ばれる。

3. 平安時代の文体
──和文体と漢文訓読体および記録体

　平安時代に入って，平仮名，片仮名が成立するとこれを交えて文章を綴るようになった。このように表音的に言葉を綴ることができるようになると，文体を語彙，語法などの側面から観察することも可能になって

くる。平安時代の文体は，前代からの中国古典文に準拠する漢文体を除いて，次の三つの文体範疇が存在し，語彙，語法の面で対立していることが明らかにされている。

（1）和文体

『源氏物語』や『枕草子』『かげろふ日記』『伊勢物語』などの平仮名で書かれた王朝文学作品の文体で，漢文訓読体に対して，このように呼ぶ。

たとえば，古典文法で，使役を表す助動詞に「す」「さす」「しむ」の3語がある。このうち，「す」と「さす」については上接の動詞が四段・ナ変・ラ変の未然形の場合は「す」，それ以外は「さす」に接続するという異なりとして説明される。では，「しむ」はどうかというと，和文では，

① 急ぎ参<u>らせ</u>てご覧ずるに（『源氏物語』桐壺）

のように「す」（あるいは「さす」）を用いるが，漢文訓読文では，「しむ」が用いられ，「す」「さす」は普通用いない。

② 天－地を動かし，鬼－神を感ぜ<u>しむる</u>には詩より近ぎたるは莫（し）
（書陵部本『群書治要』建長点）

このように，ほぼ同一の意味を表すのに異なった語形が存する場合，表記や内容（ジャンル）に対応して，そういった語形が複数にわたって見られることがあり，これが文体の違いとして説明されるのである。和文体と漢文訓読体の場合も，比況表現について，

③ にしとみといふ所の山，絵よくかきたらむ屏風をたてならべたらむ<u>やうなり</u>（『更級日記』）

和文体では「やうなり」が用いられるが，漢文訓読体では「ごとし」を用いる。

④ 功成り理定りて何ぞ神の<u>ごとく</u>速やかなる（神田本『白氏文集』巻三天永点）

助動詞だけではなく，程度大を表す副詞は，和文体では，
⑤　まいて雁などのつらねたるが，<u>いとちひさくみゆるはいとをかし</u>
（『枕草子』春はあけぼの）
と「いと」を用いるが，漢文訓読体では，「はなはだ」を用いる。
⑥　彼の仏滅（し）たまひしより已来，<u>甚大久</u>（し）く遠し（立本寺本『法華経』寛治点）

さらに，不可能表現の場合，和文体では「え〜ず」で表現されるが，
⑦　おしはかるに，それさへいとはづかしくて，<u>えおとづれやらず</u>（『紫式部日記』）
漢文訓読体には，こういった表現は見られず，
⑧　汝，命を敬むこと能は不（高山寺本『史記』殷本紀建暦点）
「〜することあたはず」を選択するのである。

（2）漢文訓読体

　外国語の理解は，翻訳という方法をとることが一般的である。しかし，中国から輸入された中国古典文である漢文を，古代日本人は翻訳ではなく，訓読という方法によって読み解いた。それは，漢文の原文に，日本語に変換するための符号（訓点）を書き入れ，これに基づいて日本語式に読み下すことによって理解するというものである。具体的には，漢文と日本語文とは語順が大きく異なっているので，それを日本語式に置き換えるための返点，送り仮名や助詞，助動詞の類を，筆画が少なく直線的な文字である片仮名で書き入れるなどの処理を行い，これに従って読み下すことによって漢文を日本語文に変換した。その際にとられた語法，語彙は，和文とはさまざまな面で異なりを見せており，これと対立的に別の文体を形成した。この，訓点に従って読み下した文章（漢文訓読文）の，和文体と対立する文体を漢文訓読体と呼ぶ。その語彙，語法

の面における具体的な事例のいくつかについては，前項（1）で紹介したとおりであるが，これを含めて，さらに，次のような対立項が知られている。
○助動詞・接尾語の類……ゴトシ－やうなり，シム－す・さす（使役），ザル－ぬ（打消，連体修飾法），ザレ－ね（打消，已然形）
○接続詞……カルガユエニ・カレ・ココヲモテ・コノユエニ・コレニヨリテ・コレヲモテ・シカレバ・ユエニ・ユエヲモテ－されば，シカウシテ－さて，シカルニ・シカルヲ－されど，さはあれど
○陳述副詞……アニ－など，アヘテ－え（…ず），カツテ－つゆ（…ず），ネガハクハ－いかで（…がな），イハムヤ－まさに（…むや），イマダ－まだ
○程度副詞……スコブル・ハナハダ－いみじく・いたく・いと，ホボ－おほかた，マスマス－いとど・いよいよ
○情態副詞……アラカジメ－かねて，アルイハ－あるは，イマシ－いま，コトゴトク－すべて，コモゴモ－かたみに，シキリニ－しばしば，シバラク－しばし・とばかり，スデニ－はやう，タガヒニ－かたみに，タマタマ－たまさかに，タヤスク－たはやすく，ツトニ－はやく，マノアタリ－ただに，ママ－ときどき，ミダリニ－みだりがはしく，モシクハ－もしは，ヤウヤク－やうやう，ヨリヨリ－ときどき
○所謂形容動詞語幹……イルガセ－なほざり，オゴソカ－いかめし，オダヒカ－おだし，スコシキ－そこし・わづか，スミヤカ－はやし・とし，ヒソカ－しのびに・しのびて・しのびやかに・みそか
○動詞……アタハズ－え…ず・…あへず，イキドホル－むつかる，イコフ－やすむ，イソフ－きほふ，イヌ－ぬ，イマス－おはす・おはします，ウカル－あくがる，ウベナフ－うけひく，ウム－あく，オソル－おづ，オヨブ－いたる，カウブル－かづく，カク（欠）－なし，キソ

フーきほふ，キタス－こさす，キタル－く，クルシブ－くるしがる，ケス－けつ，コヒネガフ－ねがふ，サイギル－へだつ・さふ，サク（裂）－やる，サヅク－たまふ・たまはす，シリゾク－しぞく，ソナフ－まうく，タタフ－ほむ，ツカル－こうず，ツラナル－ならぶ，フサガル－ふたがる，フサグ－ふたぐ，マジハル－まじる・まじらふ，マジフ－まず

○形容詞……イサギヨシ－きよらなり・うるはし，イソガハシ－いそがし，カマビスシ－かしかまし，ハナハダシ－いみじ，モシ－しげし
○名詞……オバシマ－こうらん，トモガラ－ひとびと，ヲフト－おとこ，カウベ－かしら・みぐし，スナ－いさご，マナコ－め，ユビ－および，カヒゴ（卵）－かひ，クモ－ささがに，カタナ・ツルギ－たち

片仮名が漢文訓読特有語，平仮名が和文特有語である。ただし，右の和文特有語の中には，「はやく」「なし」「まうく」「ほむ」「ならぶ」「ひとびと」のように，訓点資料に見えているものも若干含まれている（築島裕(1969)『平安時代語新論』（東京大学出版会）第3篇「本論」第4章「語彙」第3節「位相」による語彙の相違，に基づく）。

和文体は当時の日常会話文，漢文訓読体は一種の文語文であると説かれることもあるが，詳細は不明である。

(3) 記録体

平安時代に仮名が誕生して，文章も漢字仮名交じり文で綴られるようになったが，依然として前代からの漢文で綴ることも廃れることなく継承された。この日本語話者の作成した日本漢文のうち，特に実用的な文体を記録体と呼び，公家日記や往来物，古文書などでこの文体が採用された。この記録体は，上記の和文体・漢文訓読体とも異なる別の文体範疇を形成し，これを端的に物語る「三形対立」の語としては，次のよう

なものがある。

⑨　晩景に及ぶに依りて，先づ御馬を馳す（依及晩景，先馳御馬『御堂関白記』寛弘元年10月14日）

　時刻の推移を表す動詞は，和文では「なる」，漢文訓読文では「いたる」が多く用いられる中で，記録体の文章では「およぶ」が選択される。この他にも，「おだし・オダヒカナリ・穏便」（和文体・漢文訓読体・記録体の順），「おほかた・ホボ・粗（あらあら）」「すこし・スコシキ・少々」「とく・スミヤカニ・早（はやく）」「みそかなり・ヒソカナリ・密々」「もろともに・トモニ・相共（あひともに）」「やうやう・ヤウヤク・漸々」などが指摘されている。

4．院政鎌倉時代の文体──和漢混淆文

　説話文学の『今昔物語集』や，軍記物の『平家物語』などは，しばしば和漢混淆文の文体であると説かれる。

　和漢混淆文とは，和文に漢語や対句表現の漢文的要素が多く加わった文体と説かれるが，その定義は明確でない。ただ同一文章中に，前代の和文特有語や漢文訓読特有語が混在していることをもって和漢混淆文の文体であると一応見なすことができる。これは，従来，11世紀を和文体と漢文訓読体の確立した時期と認め，時代が下って，12世紀から13世紀にかけて双方の対立が徐々に弛緩した結果，和漢混淆文体が成立したと説かれることもあったが，漢字片仮名文においては9世紀から一貫して和漢混淆文体であったと見る考えも提出されていて，今後の検討の待たれるところである。また，一口に和漢混淆文といっても，『今昔物語集』の場合には，巻二十を境にして前半と後半とで文体が異なり，出典文献の影響を受けて漢文訓読調から和文調に交替していくが，こういった文体は「混淆文体」というよりは「折衷文体」と呼んだ方が適当であると

の考えもあってなお定まらない。また，『平家物語』の文体を，和漢の二つの要素だけで説明することも不十分であり，記録体や日本漢詩文，俗語，古語の諸要素の影響を考慮する必要がある。

　平安時代に確立した漢文訓読体は，鎌倉時代以降も訓点資料や仮名書き経典などにほぼそのまま継承されて近代にいたる。和文体も，いわゆる擬古文と称されて書き続けられる。鎌倉時代後期の14世紀頃には，口語と文語の隔てが著しく言文二途に分岐していったとされるが，兼好法師の『徒然草』は擬古文で書かれているために，平安時代の文法でだいたい読み解くことができる。『海人の刈藻』『在明の別れ』のような王朝文学作品の影響を強く受けた鎌倉時代物語の諸作品も，基本的には平安時代の和文体を継承した擬古文で書かれている。また，記録体は鎌倉幕府書記役の手によって執筆された『吾妻鏡』や公家日記，古文書などがこの文体を継承していく。

　しかし，鎌倉時代以降，文献によって程度の差こそ見られるものの，平安時代のこれら三大文体範疇はその対立を徐々に弛緩させていき，その結果，和漢混淆文で書かれた作品が台頭することや，記録体の文章にしばしば仮名が交用されたり，擬古文に漢文訓読語や記録語が混入したりするようになる。

5. 南北朝・室町時代の文体

　南北朝・室町時代には，軍記物の『太平記』がやはり和漢混淆文で綴られ，前代の『平家物語』の文体を継承している。また，『都のつと』『竹むきが記』は和文の流れを汲んで擬古文で書かれ，公家日記や古文書はやはり記録体の文体を受け継いでいる。

　室町時代になると，抄物・キリシタン資料・狂言台本といった新たな日本語史料が登場するが，これらは，当時の口語を伝えた文献資料とし

て活用されてきた。ただし，一口に口語といっても，その内実は一様でなく，抄物が講義録の場における話し言葉を反映していると見られるのに対し，キリシタン資料は京都の教養ある男性の話し言葉を，狂言台本は庶民の話し言葉を伝えているらしい。

　ロドリゲス『日本小文典』には，日本語学習者の講読に適する書物を4ランクの文体に分けて，最上位に『太平記』を据え，これを最も荘重で崇高な文体と認め，次いで『平家物語』『保元物語』『平治物語』などを挙げ，最も優雅な文体であるとする。その下に，隠遁者の書いた西行法師の『撰集抄』，鴨長明の『発心集』などを位置付け，最下位に「舞」および「草子」を置いて，平易で日常の話し言葉に最も近い文体であると説いている。

6．江戸時代の文体

　平安時代の漢文訓読体は，その後も中世，近世と受け継がれ，漢文直訳体として継承される。擬古文も国学者の随筆などに受け継がれ，命脈を保つ。松尾芭蕉『奥の細道』などの俳文もこの文体で綴られているので，平安時代の語彙，文法を学習していれば，おおよそ理解できる。記録体も大きな変化はない。

　このように，前代の諸文体は鎌倉・室町時代を経て江戸時代にほぼそのまま受け継がれた。当時の文人は，適宜口語と文語とを使い分けていたようで，同じ作家でも文体は異なっていることがある。また，浄瑠璃・歌舞伎の台本や仮名草子，洒落本，滑稽本，人情本などの会話部分には当時の口語がよく反映している。また，この時期には方言の異なりも文章に表れることがある。江戸時代前期には京都・大坂の上方語の文章が多く，後期になると江戸語で書かれた文章も徐々に増えてくる。

7. 明治時代の文体──言文一致への道程

　鎌倉時代になると，話し言葉と書き言葉とが徐々に乖離していき，言文二途に分岐していく。書き言葉は擬古文として平安時代の和文体が脈々と受け継がれていく一方，時代が下るとともに，話し言葉は大きく変化を遂げ，文語との距離を隔てていく。

　近代の文体は，この両者の一致が大きな課題となった。明治維新を迎え，新たな時代が到来したが，日本語の文体の近代化は進まず，幕末維新期は，坪内逍遙の説くように「表現苦時代」であった。維新期には，江戸時代の旧文体が行われ，仮名垣魯文『西洋道中膝栗毛』などは戯作文体で綴られ，「蒸気車」「文明開化」といった新知識を盛り込んではいるが正面から新しい時代を捉えず，斜に構えたふざけた調子である。また，『学問のすすめ』『西国立志編』のような啓蒙書，翻訳文学は漢文直訳体で書かれた。明治時代には，この漢文直訳体の他，漢文体，和漢混淆文，擬古文，候文といったさまざまな文語文が行われたが，これらが次第に折衷されて「普通文」と呼ばれる文章が生み出された。明治後期まで，新聞や雑誌，学術論文や西鶴復興の小説の地の文などがこの文体で書かれた。

　一方，前島密（まえじまひそか）「漢字御廃止之議」のように早くから談話に基づく仮名文を採用することを提唱する者もいたが，明治20年代に入ってようやく言文一致運動が盛んになり，この実践として小説に言文一致体を試みる作品が見られるようになる。

① 「あゝ，辛気だこと！」と一夜お勢（あるよ）が欠（あく）びまじりに云ッて泣（なみだ）ぐンだ。
　（『浮雲』第17回）
② 蝴蝶は流石に真面目です。（『蝴蝶』其一）
③ 可厭（いや）な奴が来たと謂わぬばかりである。（『多情多恨』）

④　北豊島村といふのハ(略)至ツて閑静な村であります。(『流転』其上)

　日本語においてはこれまで「文」という単位を意識しながら綴るという習慣がなかったので，一つひとつの文を完結してつなぐ工夫が新たに必要となり，小説の作家はこれに苦しんだ。二葉亭四迷の「だ」調(ただし実際には『浮雲』に「だ」は多用されていない)，山田美妙の「です」調，尾崎紅葉の「である」調，嵯峨の屋御室(さがのやおむろ)の「であります」調などといわれるが，それは作家の苦心が端的に文末表現に表れていることを物語っている。こういった実作が明治30年代に盛んに行われ，やがて文学作品から新聞記事・手紙におよび，さらに国定教科書にも採用されて口語体が確立することになった。大正時代になると，白樺派や新現実派の作家によって，さらに口語体は洗練され，新聞の社説からも文語体は姿を消すことになり，口語体が完成した。しかし，官庁の公用文や法令文，詔書などは昭和21年まで旧来の文語体で記されていた。

　このように，近代日本語の文体形成については，行きつ戻りつの試行錯誤を繰り返しながら，現代日本語の文体に繋がってゆくのである。

用字	語彙・語法		用途	文末形式	文末形式		語法
漢字専用文 (含・万葉仮名文)	漢文体(含・日本漢文)		宣命体				
			記録体(東鑑体)				
漢字仮名 混用文	漢文訓読体	欧文直訳体	書簡体	候文体			
		美文			ダ体	常体	言文一致体
		普通文					
	和漢混淆体	俗文体			デアル体		
		雅俗折衷体					
	和文体	雅文体			デス体	敬体	
		擬古文体					
仮名専用文	文語体				デアリマス体		
ローマ字文							
					口語体		

図11-1　文体の分類例

12 | 日本語研究の歴史

月本雅幸

《**目標＆ポイント**》 日本語研究の歴史は案外に古い時代に始まっている。古代や中世の日本語研究史を振り返る。江戸時代の研究では特に動詞の活用に関する研究を取り上げて学校文法との関係を見ていく。
《**キーワード**》 日本語研究史，言霊思想，忌み言葉，活用研究，本居春庭，学校文法

1. 日本語研究の歴史を知る意味

　今，日本語研究は相当に進歩し，現在の，そして過去の日本語について数多くの事実が明らかにされ，事実を説明するための理論も多数発表されている。ならば我々は最新の研究成果だけを知っていればよいのであろうか。

　日本語の科学的な研究は明治以後，文明開化に伴い，西洋の学問が輸入されてから始まったと思われるかもしれないが，実はそうではない。日本語の研究には1000年以上の伝統があり，独自の発展を遂げ，その成果は現在の我々の知識に中に生き続けている。さらに過去の人々の日本語に対する学問以前の意識，感覚のようなものは，現代の日本人の中にも確かに生き続けているのであり，日本人の言語意識は過去に大きく規定されている。これらの意識は今後も何世紀にもわたって日本人に影響を与え続けていくことであろう。また，現在学校で指導されているいわゆる「学校文法」は，伝統的な日本語研究から出てきた部分を多く持っ

ている。

　そこで，日本語研究の歴史を概観してみたい。ただし，今回は伝統的な側面を中心に見ることとし，したがって江戸時代の末までの日本語研究に重点を置くことにしたい。明治以後の日本語研究の成果は，本書の他の章で詳細に説明されているからでもある。

2. 言語意識と言語研究

　日本語の研究が開始される以前に，過去の日本人は自らが使う日本語に対し，種々の意識や感覚を抱いていた。それは素朴なものであるがゆえに，研究と呼べるようなものではないが，それだけに日常生活に根を下ろし，幅広く人々を規制していた。

　これには種々のものがあるが，まず，「言霊思想」と呼ばれるものがあった。「言霊」とは言語自体に宿る霊力で，「万葉集」(8世紀末成立) にも，

　　神代より　言ひ伝て来らく　そらみつ　大和の国は　皇神の厳しき
　　国　言霊の幸はふ国と　語り継ぎ　言ひつがひけり（以下略）（巻五・
　　八九四）

として，詠まれている。良いことを口に出せばそれが実現するので予祝となり，悪いことを口に出してもそれが実現して呪詛となるから，不吉なことは口に出してはならないというものである。

　これと関連して「実名忌避」と呼ばれる習慣もあった。他人に自分の名を知られると，呪いを受ける恐れがあるので，自分の名は教えない，また，他人の名を知っていてもそれを直接口には出さず，ニックネームで呼ぶというものである。

　さらに，有名な言葉の禁忌（タブー）として知られているものに，伊勢の皇太神宮に仕える「斎宮」（未婚の内親王などが務めたもの）とその周囲の人々が使ったという「斎宮忌詞」と呼ばれるものがある。

亦た種々の事忌み定め給ひき。人打つを撫づと云ひ，泣くを塩垂る
　　と云ひ，血を汗と云ひ，宍を茸と云ひ，仏を中子と云ひ，経を染紙
　　と云ひ（以下略）

のように，神道の立場から見て，不浄の事物，不吉な事柄，仏教的な名
称を別の表現に言い換えるというものである。これは「皇太神宮儀式帳」
（延暦 23（804）年成立，原文は漢文）に掲載されているものである。
　現在でも縁起の良いことは積極的に口に出し，しかし不吉なことは極
力発言しないようにするということは行われているし，「死」を連想させ
る数字の「四」を避けるために，部屋番号の末尾に「四」を付けるのを
やめて「三」から「五」に飛んだり，数を数える際に「四」を「シ」と
音読みにせず，「よ（ん）」と訓読みにすることなどは広く行われている。
現代日本人の感覚は古代人のそれと同一ではないにしても，今なお言語
の禁忌に関する意識は，古くからの伝統が生きていると見るべきであろ
うし，これらは今後も長く続くであろうと見込まれるのである。

3. 日本語研究の契機と目的

　過去の日本人が，日本語の研究を実行しようと考えた契機は何であろ
うか。人は自分が使っている言語について問題を意識することは実はそ
れほど多くない。その中にあって，他人が発した言語の理解について，
また自分が発する言語の運用について，なんらかの困難や問題を感じた
際，これに触発されて言語事象について考えたものと見られる。
　それでは昔の日本人にとって，言葉に関する困難や問題とは何であっ
ただろうか。それは一つには古い日本語とその時々の日本語との違い，
もう一つは外国語と日本語との違いであった。

4. 古代・中世の日本語研究

　古代・中世（安土・桃山時代まで）において，日本語研究が行われた社会が四つあった。そこではそれぞれ独立に固有の目的の下，日本語の研究が行われていた。それは貴族の社会における研究（和歌関係の研究），日本書紀と関連する研究（古語の研究），仏教界の研究（外国語と対照した音韻の研究），キリシタン宣教師による研究（総合的な日本語研究）である。それらを概観する。

5. 貴族社会を中心とする和歌関係の研究

　日本語について，貴族達が説明を試みようとしたのは，和歌に用いられる用語（歌語）の解釈や，「てには」（後世は「てにをは」とも）と呼ばれる助詞，助動詞，形容詞活用語尾，副詞などの用法であった。和歌の世界では10世紀から11世紀初頭にかけて編纂された三つの勅撰和歌集，すなわち「古今和歌集」「後撰和歌集」「拾遺和歌集」をまとめて「三代集」と称し，これが和歌実作の模範とされたのであった。しかし，日本語の時代による変遷に伴い，三代集に用いられた用語は後の時代の人々には耳遠いものとなり，語義や語の用法がよく分からなくなっていたため，その研究が必要になったものであった。また，「万葉集」の用語についても早くから関心が抱かれたが，この書は漢字のみで和歌を書き表しているため，10世紀中頃から解読作業が始まっている。

　顕昭（けんしょう）（12世紀の人）は貴族の出身であるが，「古今集註」22巻，「袖中抄（しゅうちゅうしょう）」20巻などを著した。その中にはたとえば次のような記述がある。

　　○シマシクモ
　　　オモフエニアフモノナラバシマシクモイモガメカレテアレヲラメヤモ

顕昭云　シマシクモトハ、シバシモトイフ詞ニクトイフ文字ヲソヘタルナリ。シマシハ、シバシナリ。ハトマト同（ジ）ヒビキナリ。オモフエニトハオモフユヘニトイフ詞ニユ文字ヲ略シタルナリ。古詞ハツネノコトバニ或ハソヘ、或ハ略スル、常事也（「袖中抄」巻第十三）

　これは万葉集の歌、

　　思ふゑに逢ふものならばしましくも妹が目離れて我れ居らめやも

　　　（巻十五・三七三一）

を解釈したものであるが、「しましくも」は「しばしも」に「く」を添えたもので、「しまし」の「ま」は「ば」と同じ母音を持っているので（同韻）通じ合い、結局「しまし」は「しばし」と同じ意味になるというのである。また、「おもふゑに」は「おもふゆゑに」の「ゆ」を略したもので、古語にはこのような省略や添加がしばしば見える、というのである。

　ここには、意味は変わらずに音だけが変化するという理論（認識）があり、「同じ響き」とは子音が異なっても母音が同じであるということであり、ここには「五十音図」などの知識があるものと見られる（「五十音図」は後述する仏教の音韻学の中で考え出されたものであった）。

　なお、ここで注意すべきは、和歌関係の日本語研究は、和歌の理解、解釈のみの目的で行われたのではなく、和歌の実作のためでもあったことである。古い、伝統的な歌語を用いて、それぞれの時代（現代）において和歌を作るべきであるという考えがその根底にはあったのである。

　また、歌やそれを含む文学作品を書き表すに際して、仮名遣いが問題とされ、種々の説が行われたが、これについては第10章「日本語の文字と表記」で述べた。

6. 日本書紀と関連する古語の研究

　「日本書紀」は本文30巻，養老4（720）年に完成した日本古代の歴史書であるが，本文は漢文で（また歌謡は古代の日本語を万葉仮名で）書かれたため，完成直後からそれを解読（訓読）する作業が開始され，講義も行われていた。「日本書紀」を訓み下す際には，本書が日本古代の事柄を扱っているため，古い日本語で訓み下すべきだという通念があったものと見られる。たとえば，「日本書紀巻第二十八」を
　　　ヤマトフミノマキノツイデハタマキアマリヤマキニアタルマキ
と漢字の音読を交えずに読むべきであると考えられていた。

　「日本書紀」の研究は平安時代の間は大学寮（式部省に属し，官僚養成にあたった国立の学校）の博士（教授に相当）によって行われたが，鎌倉時代以後は大学寮が廃絶したこともあり，これに代わって神道の学者が研究を行った。その中で卜部兼方の著「釈日本紀」（1293〜1301頃）は整った注釈書の最初のもので，古語についての多数の言及がある。ただし，「日本書紀」の研究において扱われた古語は，文中に示されたもの，古くからの伝承のあるものに加え，古くはこのような語があったであろうと復元的に示されたものも混じっていると見られる。総じて，これらの研究は，本書を古い日本語で訓むためのものであった。

7. 仏教界における外国語と対照した音韻の研究

　平安時代に入り，空海（774〜835）と最澄（767〜822）が相次いで唐に渡り，最新の仏教とそれに関する経典を持ち帰ったことにより，日本に仏教の一部門である密教がもたらされた。密教においては，種々の祈祷をなす際に唱える呪文（これを陀羅尼，真言と呼ぶ）が重視され，祈祷の効果を高めるためには，その呪文を正しくインドの言語（梵語）で発音

しなければならないとの観念が生じた。そこで，呪文の発音が注目されるようになり，研究が行われたのである。

たとえば，最澄の後，唐に留学した天台宗の円仁(えんにん)（794〜864）は，唐においてインドの僧（宝月三蔵(ほうげつさんぞう)）から梵語の発音を学んでいる。これをもとに書かれたのが「在唐記」で，そこには次のような記述があり，梵字（古代インドの文字）の読み方を示している（一部分のみを抜き出す）。

　　　　◁(e) 短上衣々字以_本郷音_呼ﾚ之。下准ﾚ之

「本郷音を以て之を呼ぶ」というのは，（当時の）日本語の発音をすればそれでよいということを示す。また，本書では日本語と梵語の発音の差も示されているのであり，結局梵語との対照を通じて日本語の発音が検討されたことになるのである。

また12世紀の真言宗の僧心蓮（?〜1181）がその著書「悉曇口伝(しったんくでん)」で

　　エﾄ者以_❤(i)穴_呼❤而終_垂_舌端_則成_エﾉ音_也

と述べていることは注目される。これは日本語の「エ」はまず「イ」の発音の後，舌を下げて発せられるという記述であるが，これは第3章「日本語の音韻の変遷」で述べたように，当時（12世紀）の日本語の「エ」が［je］であったことを示している。

8. キリシタン宣教師による総合的な日本語研究

16世紀にヨーロッパからキリスト教の宣教師達が日本を訪れ，キリスト教の布教活動を行った。宗教活動には高度な日本語力を必要とするため，彼らは積極的に日本語を学習し，また後から日本に赴任する同僚のための組織的な日本語教育を行った。そのためにキリスト教の教義に関する書物と併せて，日本語についての語学書が作成，刊行された。その中で最も重要なのが，「日葡辞書(にっぽじしょ)」と「日本大文典」である。

「日葡辞書」Vocabvlario da Lingoa de Iapam は1603年の刊行，翌年に

補遺が出版されている。出版地は長崎である。日本語をポルトガル語に基づくローマ字で挙げ，それに対する語釈をポルトガル語で示したものである。約 32,800 語を収める。また，例文も挙げられていて，当時の日本の辞書とは様相を異にしている。ローマ字で書かれているため，当時の発音を比較的忠実に表しており，オ段長音の2種類（開音と合音）を区別するなど，中世最末期の日本語の実態を知るために必須の資料とされている。動詞の連用形を終止連体形・過去形（連用形またはその音便形に「た」の付いた形）とともに見出しに立てること，中央語（京都語）と併せて筑紫（九州）の方言を挙げるなどの特徴もある。

　「日本大文典」はロドリゲス João Rodriguez (1561〜1634) の著である。1604〜08 年，長崎で刊行された。当時よく参照されていたアルヴァレスの「ラテン語文典」を基準とし，それに日本語（京都語）をあてはめる形で説明しているが，日本人の説も取り入れているという。本書は体系的に日本語の文法を記述していることできわめて高い価値を持つが，その対象は主として話し言葉（口語）であって，これは本書がヨーロッパ人の日本語学習のために作られたことを考えれば，自然なことと見られる。なお，本書は単に文法書であるのみならず，書状の書き方，数詞・助数詞，日本語の度量衡，日本の元号の読み方などにも説き及んでおり，さながら当時の日本語ハンドブックの観を呈している。

　しかしながら，キリシタン宣教師達による日本語研究は，江戸幕府の徹底したキリスト教弾圧の結果，まったく日本人によって継承されることはなかったし，また「日葡辞書」や「日本大文典」も日本にはまったく残らず，ヨーロッパを中心とする外国にそれぞれ数部が伝わるに過ぎない。しかし，これらをヨーロッパ人達は参照していたのであり，特に「日葡辞書」については，フランス人レオン・パジェス Léon Pagés (1814〜86) がポルトガル語の語釈の部分をフランス語に翻訳し，「日仏辞

書」Dictionnaire Japonais-Français（1862〜68）としてパリで刊行し，19世紀後半の日本語に関心のあるヨーロッパ人はこれを見ていたのである。キリシタン宣教師による日本語研究は，近代ヨーロッパ人の日本語研究につながったと見ることもできるのである。

9. 近世の日本語研究

　近世（江戸時代）には国学が発展した。国学というのは，漢学に対抗して日本古来の思想を明らかにし，学ぼうという学問で，古人の考えを記した書物を読むためには，古語を理解しなければならないという考えの下に，日本語の研究が行われた。江戸時代の日本語研究は多岐にわたるが，ここでは一例として動詞の活用の研究を取り上げることとする。

　動詞を含む用言に活用のあることは，古くから知られており，中世でも和歌の学問の中で指摘されていたが，それを活用表の形で示すようになったのは，江戸時代に入ってからである。最古の動詞の活用表は「韻鏡図」（著者未詳，1646 年刊）に掲載されているものである。これは，

	若仮	未来	過去	現在	下知
聞	カハ	カン	キシ	ク	ケ
指	サハ	サン	シシ	ス	セ
待	タハ	タン	チシ	ツ	テ
	（以下略）				

のようなもので，現在でいう四段活用の動詞の活用を示している（已然形は欠けている）。

　江戸時代には谷川士清（たにかわことすが），賀茂真淵（かものまぶち）にも活用研究があったが，注目されるのは富士谷成章（ふじたになりあきら）（1738〜79）である。成章はその著「あゆひ抄」（1778）で助詞，助動詞の用法について詳細な説明を加えたが，助詞，助動詞との接続関係を示すために用言の活用に言及した。彼は用言を「装（よそい）」と名

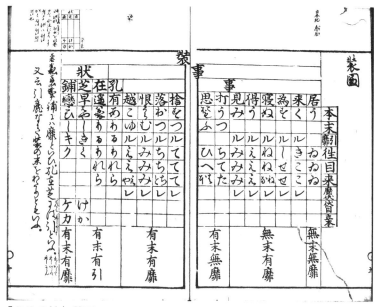

「あゆひ抄」装図

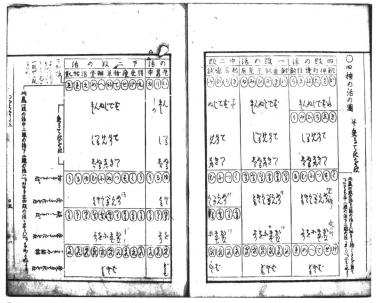

「詞の八衢」四種の活の図

図 12-1 「詞の八衢」四種の活の図

	活の下二段										活の老旧率		
	飢	枯	消	誉	弁	兼	捨	痩	受	得	率	旧	老
	ゑ	れ	え	め	へ	ね	て	せ	け	え	ゐ	り	い
受るてにをは まし											まし		ぬ
	し	つ	け	て							し	つ	
		る	ん	り								る	
	し	ぬ	な	き	つ						し	ぬ	
	か	る	ば	、							か	る	
言い切る所	う	る	ゆ	む	ふ	ぬ	つ	す	く	う	う	る	ゆ
続く所	と	と	ら	べ	ら	め					と	と	ら
	も		し	き	ん	り					も		し
続く所	う	る、	ゆ	む	ふ	ぬ	つ	す	く	う	う	る、	ゆ
	る		る				る				る		る
続く所	よ	を	に	ま	で	か					よ	を	
	り					な					り		
リの接続	うれ	るれ	ゆれ	むれ	ふれ	ぬれ	つれ	すれ	くれ	うれ	うれ	るれ	ゆれ
続く所			ど	ど	ば								ど
			も										も

此処一段の活中二段の活下二段の活は一ッなるを四段の活にては二ツにわかれたり

○四種の活の図　并受るてにをは

此処四段の活と一段の活とは切ると続くとを兼ねて一ッなるを中二段の活下二段の活にては二ツにわかれたり

四段の活	一段の活	中二段
飽　押　打　逢　住　釣	射　着　似　干　見　居	起　落　恋　試
㋕　㋚　㋟　㋩　㋮　㋶	㋑　㋖　㋥　㋪　㋮　㋔	㋖　㋟　㋪　㋯
ず　で　じ　ぬ　ま　し	ず　で　じ　ぬ　ま　し	ず　で　じ
㋖　㋛　㋠　㋪　㋯　㋷	㋖　㋡　㋩　㋮　㋸	
て　けり　ける　ん　つ　しか、しぬ	て　けり　けるん　つ　しか、しぬ	て　けり　けん　つき、なば
㋗　㋡　㋫　㋰	㋑る　㋖る　㋥る　㋪る　㋯る　㋸る	㋗　㋡　㋫　㋰
る　む　ふ　つ　く	る　む　ふ　つ　く	
めり　らん　べし　とも	かな　まで　にを　より	めり　らん　べき
㋘る　㋢る　㋬る　㋱る		㋘る　㋢る　㋬る　㋱る
		にまかで
㋗れ　㋡れ　㋫れ　㋰れ　㋸れ	㋑れ　㋖れ　㋥れ　㋪れ　㋯れ　㋸れ	㋗れ　㋡れ　㋫れ　㋰れ
け　せ　て　へ　め　れ		
ば　ども	ば　ども	ど　ば

付けたが，活用表も「装図（よそいのかたがき）」として示している。ここでは動詞のみならず，形容詞，形容動詞についても活用が示されている（ただし，下一段活用とナ行変格活用は欠けている）。

江戸時代の最大の国学者の一人，本居宣長（もとおりのりなが）（1730〜1801）は日本の古代思想の研究を行ったのみならず，日本語研究にも大きな業績を残しているが，活用研究についても「御国詞活用抄（みくにことばかつようしょう）」があり，そこでは動詞，形容詞について 27 種類の活用を挙げて説明している。

この宣長の活用研究や係り結びの研究を受けた鈴木朖（あきら）（1764〜1837）は「活語断続譜」（1803 年頃）を著したが，これを契機として活用研究を大成したのが，本居春庭（もとおりはるにわ）（1763〜1828）である。彼は「詞の八衢（ことばのやちまた）」（1808）において，宣長の挙げた活用が形容詞も含めて 27 種類にもなったのを整理し，動詞だけではあるが，基本的な活用 4 種，特殊な活用（変格の活）3 種，合計 7 種類とした。図 12-1 に基本的な活用の図を示す（四種の活の図）。

後の学校文法の主流が文語動詞の活用を 9 種類とするのに比べると，下一段活用とラ行変格活用が欠けているが，春庭は後者を「四段の活」（後の四段活用）の変種と考えている。「一段の活」は後の上一段活用，「中二段の活」は上二段活用，「下二段の活」は下二段活用に対応する。この表には上から後の未然形，連用形，終止形，連体形，已然形が示され，同じ形の場合には横線で区切ることはないが，その線を補えばほぼ現在の活用表と同様のものができることになるのである。ただし，命令形（「下知の詞」）については文章では説明しているものの，表には入れていない。

10. 近代の日本語研究と学校文法

江戸時代の後期から，日本人はオランダ語を盛んに学習した。また，

幕末・明治時代には英語や他のヨーロッパの言語の学習も行われ，それらヨーロッパの言語の文法書の体裁に倣って日本語の文法書が書かれるようになる。しかし，それらは程度の差こそあれ，江戸時代までの伝統的な日本語研究の上に立っていたので，ヨーロッパ文典と日本の伝統的な文法研究の折衷が行われることになった。

大槻文彦（おおつきふみひこ）(1847～1928) の「語法指南」は国語辞書「言海」(1889～91) の附録であったが，そこでは西洋文典の影響の下に，伝統的な文法研究の成果を生かしながら，日本語文法の体系を立てている。

また，上田萬年（かずとし）(1867～1937)，新村出（しんむらいずる）(1876～1967) など，言語学者が相次いでヨーロッパに留学し，最新のヨーロッパ言語学の成果を持ち帰り，これを日本語の研究に適用することも行われた。

その後，日本語の文法研究は山田孝雄（よしお）(1873～1958)，松下大三郎 (1878～1935)，橋本進吉 (1882～1945)，時枝誠記（ときえだもとき）(1900～67) らによって推進され，それぞれ独自の理論，学説を形成するにいたった。その中にあって，橋本進吉の文法学説は言語の形式を重視し，「文節」という単位を立てることによって，初学者にも比較的理解しやすいものであったこともあり，中学校（当時）用教科書「新文典」(1931～) とその解説書「新文典別記」(1932～) により，学校教育の世界に広まった。第二次世界大戦後にあってもその説に基づいた「中等文法　口語」「中等文法　文語」（文部省編，1947）などにより，引き続きその地位を保ち続け，学校教育で指導される日本語の文法，「学校文法」の主流であった。一方で，最先端の日本語文法は橋本の没後もさらに発展し，欧米の言語学の理論の影響も受けている。本書の読者が中学校，高等学校で学んだ内容と本書の日本語文法に関する記述に距離があると感じられるとすれば，それは上のような事情によるものである。

13 | 方言の形成

篠崎晃一

《目標&ポイント》 方言がどのように生まれ，どのように形成されていくのか，また，形成された方言がどのように分類されるのか，という点を概観した上で，方言とは何かを捉える。また，共通語，標準語の成立過程を学習しながら，方言の位置付けを学ぶ。
《キーワード》 共通語，標準語，方言周圏論，方言の誕生，方言区画

1. 方言とは何か

　日本語にはさまざまなバリエーション（変異）が存在する。一つの社会の中でどのような人がどのような言葉を用いるのかを考えたとき，たとえば，「高年層の人が使う言葉」「若者言葉」などの年齢的変異，男女の違いによる性別的変異，さらには，ある職業集団や専門分野で使用する語や，一つの大学内で用いられるキャンパス言葉などの集団的変異というものもある。そして，出身地の違いによる地理的変異がある。これらの変異は独立的関係にあるものではなく，互いに関連性がある。たとえば，東北地方で「かわいい」ことを表す「メンコイ」「メゴイ」は地理的変異の言葉であるが，これは同時に高年層の人が用いる年齢的変異でもある。こうした変異のうち，地理的変異を「地域方言」，他の変異を「社会方言」と呼んで区別することがある。本章ではその中でも「地域方言」を「方言」と呼び，その形成と分類について見ていく。
　「方言」を捉えようとするとき，「共通語」を基準とし，それと照合さ

せながら論じられる。「共通語」とは異なる地方の人同士が通じ合うことのできる実用的・現実的な言語のことである。

　いくつか方言の例を示すと，たとえば，音韻面でいうと，東北では，シとス，ジとズの区別がなく，「梨」「茄子」，「知事」「地図」が発音上区別されない。つまり，「梨」と「茄子」はどちらも「ナス」（または「ナシ」）になり，「知事」と「地図」はどちらも「チズ」（または「チジ」）になる。漢字音が移入された当時に発生した「クヮジ（火事）」「グヮンタン（元旦）」のような発音を残している地域もある。

　また，個々の単語にも共通語にない言い方がある。これは「俚言（りげん）」ともいい，一つの概念を表すのに地域特有の語形が見られることを指す。特に，地域環境と密接に結び付いた語は，その地域の生活に欠かせない語として継承される。たとえば，ある地域にしかない農具や漁具などの名前などが挙げられるが，その物自体が消えればその語も使われなくなっていく。

　共通語での言い換えが困難な方言もある。たとえば，宮城県において広く使用される「イズイ」という語は，共通語では一言で言い表せない。目にゴミが入ってごろごろするような体感的な感覚にとどまらず，場違いな場所に連れていかれて気分的に落ち着かない状態まで，使用範囲はきわめて広い。何とも言いようのない微妙な違和感を表現している。

　また，九州では，大きいも太いも粗いも「フトイ，フトカ」，小さいも細いも細かいも「コマイ，コマカ」とそれぞれ区別せずに一語で言い表すところが多い。意味領域の区分の仕方にも地域ごとの差異が表れるのである。

　共通語と同形で意味が異なる方言もある。宮城県では「このケーキいきなりおいしい」という言い方をするが，この「いきなり」は「とても」を意味する程度副詞である。茨城県では「さぼってねーで，しみじみや

れ」の「しみじみ」を「しっかり・きちんと」の意味で用いる。広島県・山口県では「おなかが太った」を「満腹になる」の意味で用い，大分県では「あそこの店，しんけん安い」のように程度副詞「とても」を意味する「しんけん」が使われる。このように，「いきなり」「しみじみ」「太った」「しんけん」はいずれも共通語にも存在する語形である。そのため，その語の使用者はそれが方言と気付かずに使用する場合もある。

さらに，共通語と同形で古語的意味が残存する方言もある。関西一体に用いられる「この味噌汁，みずくさい」は「塩気が足りない」という意味であるが，13世紀後半の『沙石集』に「日来はちと水くさき酒にてこそ候しに」という文例が見つかる。共通語が持っている「よそよそしい」の意味は17世紀から登場する。また，秋田県で「宿題でかした」というときの「でかす」は，「完成させる」の意味で用いられるが，これは「できるようにする→仕上げる」という意味で，初出例が16世紀中頃に見られる。さらに，近畿・中国・四国地方で用いられる「テレビがめげる」の「めげる」は「壊れる」の意味で，初出例は17世紀に見られる。このように，方言には，共通語と意味が同義ではないもの，共通語と同形でも意味が異なるもの，古語的意味が残存しているものなど，さまざまなタイプがあることが分かる。

文法の特徴でいうと，打消しの助動詞が東西で大きく対立し，主に東

表13-1 文法項目から見た方言

	関 東	近 畿	九 州
動詞連用形＋テ・タ	思って	思(う)て	思うて
下二段動詞終止形	受ける	受ける	受くる(受くっ)
形容詞連用形	白く	白(う)	白う
形容詞終止形	白い	白い	白か／白い
打消の助動詞	―ない	―ん	―ん
指定の助動詞	―だ	―じゃ・―や	―じゃ・―や

日本では「書かナイ」のように「ナイ」を用いるが，西日本では「書かン」のように「ン」を用いる。その他，関東，近畿，九州で用いられる方言の文法特徴については表 13-1 のような違いが見られる。

　このように，一口に「方言」といっても，音韻・文法などといった体系的に捉えられるものから個別の語彙にいたるまで，さまざまな地理的変異があることが分かる。さらに近年では，あいさつ表現や談話のような大きな言語単位から見た地域差も注目されている。たとえば，あいさつ表現でいうと，東北各地では近所の家に入って「イタカ」と声をかけ，家の主人は「イタイタ」と返事をする（佐藤，2002, p.339）。買い物を終えた客が店を出るときのあいさつ表現として，感謝を表す「アリガトー」類が中部以西に広く見られ，「サヨーナラ」類が中国・四国，「オセワサマ」類が関東，「ドーモ」類が東北で使われるといった地域差が指摘できる（篠崎・小林，1997, p.95）。こうした一定の場面における言語行動にも方言が存在しているのである。また，一つの話題について話す談話を観察してみると，共感を共有する「ヤッパリ」や「ネ」などの主観的な語が談話に多く登場する東日本に対して，西日本では説明を累加する接続詞である「ホンデ」「ホシタラ」といった客観的な語が談話に用いられることが多い（久木田，1990／琴，2005）。

　このように，表現法（言い回し）や談話論の観点から見る地域差はまだ十分に解明されているとはいえない。しかし，これも方言的特徴の一つであるといえる。

2. 方言と共通語・標準語

　「方言」の形成を見る前に，「共通語」という語の成立事情とそれにかかわる「標準語」との関係について整理する。「共通語」と「標準語」はよく混同されるが異なるものである。「標準語」とは，明治 30 年頃から

上田万年（「まんねん」と自称）が中心となって提唱された，「全国の方言を統一し，全国どこでも通用する国家の言語として国が制定した規範性を持つ言語」をいう。前節に述べた「方言」は話し言葉に表れるものであるが，「標準語」は教科書の言葉，つまり書き言葉に表れるとされた。

　この「標準語」を制定するため，1903 年に日本で最初の本格的な方言調査が実施された。「方言ヲ調査シ標準語ヲ選定スルコト」（国語調査委員会方針の四）という記述があることから，この調査の目的が標準語の制定のためであることが分かる。音韻調査と口語法調査を行った結果，1916 年の『口語法』，翌年の『口語法別記』が刊行され，当時の小学校の教科書もこれに従った文法で書かれることになる。こうした状況の中，「方言」を撲滅しようとする動きが学校教育の中で激しくなっていったのである。

　次第に，こうした一方的な方言矯正に反対意見が出るようになり，中央集権的な標準語教育への反発・反省から，「共通語」という用語の使用が叫ばれるようになった。「共通語」という用語は，そもそも，国立国語研究所が 1949 年から行っている福島県白河市住民の言語調査の際に地域社会の言語生活が在来の言葉かそうでないものかを分別するため，「方言」と「共通語」という語を用いたことが始まりである。つまり，「共通語」は先に述べた規範性のある完全なものとしての「標準語」と同義ではなく，「方言ではないもの」という意味で用いられていた。

　また，「共通語」には全国共通語だけでなく地方共通語も存在するといえる。たとえば，「関西の共通語」，「九州の共通語」というように，方言的特徴を有しながらその周辺地域一体の中心になっているような場所の言葉を意味する場合に使われる。

3. 方言の誕生

　方言はどのように生まれたのだろうか。なぜ「方言」が生まれるのかということを含めて方言の形成過程を捉える際，主に，次のような「伝播」と「変容」の二つの要因を考慮する必要がある。
　① 中央語の地方への伝播（方言周圏論）
　② 地方における語の変容（自律的変化）
　①については，歴史的に見て中央（現在の京都）を中心に周囲に伝播したことによって形成されたとする見方である。この考え方からは，中央語の各地への到達時間の差が方言となって表れるということになる。また，②は中央から伝播した語を受容するだけにとどまらず，その地域の中で新たな意味や語の改変を経て，再生産することを意味する。こうした二つの要因について説明していく。

（1）中央語の地方への伝播（方言周圏論）

　方言学の中でも，語の地理的分布から語の変遷を推定する方言地理学の分野では，「方言周圏論」という考え方を用いることがある。この考え方は柳田國男が1930年の『蝸牛考（かぎゅうこう）』において提唱したもので，具体的には，カタツムリの俚言の地域差について調査し，その結果から語の伝播過程を推測している。その分布状況から，近畿ではデデムシ系，その外縁はマイマイ系，さらにその外縁ではカタツムリ系，その外縁にツブリ系が広がっていることが分かり，東北や九州ではナメクジ系を使っていることが分かった。この分布は，語は京都付近で生まれ，水の上に石を落としたときの波紋のように次第に周辺に広がっていった結果であると解釈されたのである。
　つまり，図13-1のような周圏分布が見られるとき，中央から離れた地

域に分布する語ほど古いと推定することができるのである。

周圏論的解釈が可能な例は，こうした俚言（単語）だけでなく音声や文法にも見られる。表 13-2 には音声・語・文法の面に見られる周圏論的解釈が可能な項目の例をいくつか整理した。表の左側の用例は日本列島

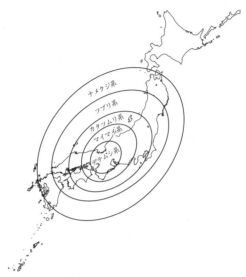

図 13-1 「かたつむり」の方言分布

表 13-2 周圏論的解釈が可能な項目

	項　目	中央寄り＝新しい	⇔	周辺寄り＝古い
音声	ハ行子音	[h]		[ɸ]
	セの音	[se]		[ʃe]
	カの音	[ka]		[kwa]
語	親指	オヤユビ		オーユビ
	蜻蛉	トンボ		アケズ
	地震	ジシン		ナイ
	梅雨	ツユ	ツイリ	ナガアメ
文法	順接条件接続詞	書いタラ	書キャー	書けバ
	逆接条件接続詞	寒いケド 寒いケンド	寒いケレドモ	寒いドモ 寒いバッテ

中央部に存在するため新しいと推定され，表の右側の用例は日本列島の周辺寄りに見られるために古いと推定される例である。

（2）地方における語の変容（自律的変化）

　方言周圏論の通りに方言が形成されるとすると，日本列島の近畿地方を中心に東西が対称的な分布になるはずであるが，実際はそうはいかない。つまり，都（京都）から伝播した語（中央語と呼ぶ）が，ある地域では受容されず，ある地域では受容されるということがあるためである。また，受容された場合でも，意味や語形になんらかの改変が加えられた上で方言として定着していくことが多い。隣接する地域の方言同士が接触して改変するケースもある。

　この変容のパターンには次のようなものがある。

①　混交と複合

　「混交」とは，意味の類似している二つの語形や表現が接触したときに，一方の前部と他方の後部が組み合わさって新しい形式が生ずる現象である。

　「中指」を表す方言では，ナカユビとタカタカユビが接触してナカタカユビが生まれたり，「塩辛い」を意味するショッパイとカライからショッパライという方言が生まれたりしている。東京周辺で使われるカタグルマ（肩車）は，カタウマとテングルマとの混交形と考えられている。

　「複合」とは，二つの語形がそのまま結合して新たな形式を作り出すことである。「凧」の方言分布で，東北部や九州西部のタコとハタが接触する地帯では両者の複合形であるタコバタが生み出されている。また，東北地方の「ばった」を意味するトラボとハッタギの接触地帯では，トラボハッタギという複合形も出現している。

② 同音衝突

　音韻変化，その他の要因によって意味の異なる同音の語形が接触する現象を「同音衝突」という。衝突の結果，混乱を避けるために一方が語形を変えることが多い。

　東北地方では，シ・スの発音上の区別がないため，「梨」と「茄子」の同音衝突が起こると，「梨」をキナス，「茄子」をハタケナスと区別して呼ぶ。また，イ・エの区別もないため，「灰」と「蠅」も同音になってしまう。そのため「灰」をアクと呼んで衝突を回避している。

③ 意味・用法の分担

　新しい語が侵入してきた場合，旧来の語を消滅させて置き換わるのではなく，両者の間で意味や用法を分担して共存することがある。

　たとえば，近畿地方南部では，古来「茸の総称」をクサビラと称していたところに新語のマツタケが広がったために旧来のクサビラを「毒茸」の意味に限定するという分担が生じた。

　九州では，「地震」を表すナイを小さい地震の意味として残し，ジシンを大きな地震の意味に限定して受け入れた地域もある。

④ 民間語源

　本来の語源とは異なり，一般の人たちの自由な発想による語源解釈が働いて合理的なわかりやすい新語形を作り出すような現象を「民間語源」という。「民衆語源」「語源俗解」ということもある。

　新潟県糸魚川地方では，目の病気である「ものもらい」の方言形メボイトに，「目が痛い」という解釈が働いてメボイタを生み出した。青森・山形では，「あさっての翌日」を表すヤノアサッテの「ヤ」を「八」と解釈し，「あさっての翌々日」を表すココノサッテという語形を生み出している。同じように，西日本ではシアサッテの「シ」を「四」と解釈したために，その翌日以降をゴアサッテ，ロクアサッテと呼ぶ地域もある。

4. 方言の分類

　前節では方言がどのように形成されるかを述べた。では，このように誕生した方言は，日本語の中にいったいいくつあるといえるのだろうか。それを数えるためには，数多くの方言を，ある特徴に焦点を当てて区分する必要がある。研究者によってさまざまな区分の方法があるが，こうした方言の区分について取り上げる研究分野を方言区画論という。方言区画論では，音韻・文法・語彙などの多様な言語の特徴を総合して，日本語の方言に分布の境界線を引くことになる。

　地理的変異を見る一つの代表的・総合的な区画として，東条 操の方言区画が挙げられる。方言区画は，方言の特徴によって日本列島を区分したもので，図13-2に示したのが東条の区画である（加藤，1977の図より作成）。

　東条はまず，日本語を本土方言と琉球方言とに二分する。本土方言は，東部方言・西部方言・九州方言の三つに分類され，琉球方言も奄美方言・

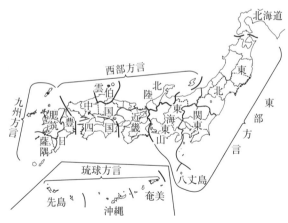

図 13-2　東条操の方言区画

沖縄方言・先島方言の三つに分類される。本土方言のそれぞれは下位区分される。

　まず，本土方言と琉球方言の違いについて説明する。両方言には音韻上の大きな違いがある。たとえば，母音は「e」が「i」に，「o」が「u」に統合される地域が多く，琉球方言の中でも沖縄方言では，3母音体系の地域となる。音韻だけでなく，文法にも違いが見られる。たとえば，琉球方言の動詞の終止形はカキュリ・カキュン（書く）となるが，これは「連用形＋居り」などに由来する形式である。また，形容詞にも違いがある。本土方言と琉球方言の違いについては表13-3に整理した。

　また，本土方言の3分類については，それぞれの方言の特徴をまとめると表13-4のようになる。これは，第1節の表13-1に示した関東（＝

表13-3　本土方言と琉球方言の違い

	母音体系	子音	動詞の終止形	形容詞
本土方言	a/i/u/e/o	カ・ケ・コ	書く	高い
琉球方言	a/i/u（3母音の地域もある）	カ行子音がa/e/oの前で[h]になる	カキュリ／カキュン（連用形「書き」＋居り）	タカサリ／タカサン（語幹＋さ＋有り）

表13-4　本土方言の3分類の特徴

		東部方言	西部方言	九州方言
音声	連母音[ei]	[e:]	[e:]	[ei]
	オ段長音（合音）	[o:]	[o:]	[u:]
音韻	ジ，ヂ，ズ，ヅの区別	なし	なし（一部あり）	あり
文法	一段動詞命令形	起キロ	起キヨ・起キイ	起キヨ・起キロ
	サ行五段動詞連用形	出シタ	出シタ・出イタ	出イタ・出シタ
	ワ行五段動詞連用形	買ッタ（カッタ）	買ータ（コータ）	買ータ（コータ）
	古典語二段動詞	開ケル	開ケル	開クル
	形容詞終止形	高イ	高イ	高イ・高カ
	形容詞連用形	高クナル（タカクナル）	高ーナル（タコーナル）	高ーナル（タコーナル）
	断定の助動詞	ダ	ジャ・ヤ	ジャ・ヤ
	打消の助動詞	ナイ	ン	ン

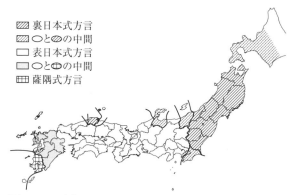

図 13-3　音韻による方言分類（加藤, 1977 より作成）

東部方言），近畿（＝西部方言），九州（＝九州方言）の地域差とも対応する。表 13-4 にもあるように，西部方言と九州方言は同傾向を示す項目もあるため，一括する見方もある。

　さらに，音韻によって分類した金田一春彦（1953）の分類がある。金田一は東条操と同様に，母音体系から見て本土方言と琉球方言とに分けた。本土方言については図 13-3 に示すように，裏日本式方言・表日本式方言・薩隅式方言の大きく三つに分かれるとした。表日本式方言は，発音が方言的でなく標準的な方言を指す。また，裏日本式方言は，イ段音がウ・エ段音に近づき，イとエ，シとスが統合する，いわゆる「ズーズー弁」が特徴的である。薩隅式方言は，イ段母音とウ段母音の脱落が多い。

　図 13-4 には，加藤（1977）による敬語による分類方法を示した。大まかな傾向としては西日本の方が東日本よりも種類が豊富で使用頻度も高く，それだけ敬語のシステムが複雑であるといえる。それは日本の中心地であった京都において敬語が発達し，そこから全国各地に敬語が広まったことを意味すると考えられる。しかし，東日本でも旧城下町など

図 13-4　敬語による方言分類（加藤，1977 より作成）

敬語が盛んな地域もあるし，西日本でも山間部や沿岸部など使用が盛んでない地域もある。

　敬語を用いない地域としては，福島県中南部から栃木県，茨城県にかけての地域が挙げられる。また，西日本では紀伊半島の東部・南部がそれに該当する（小林・篠崎，2003）。共通語には尊敬語・謙譲語・丁寧語の三つがあるが，そうした敬語の専用形式を持たないことから，これらの地域は無敬語方言と呼ばれることがある。ただし，敬語の形式が存在しないからといって敬意を表さないのではなく，別の言語形式で敬意を表しているということになる。

　敬語の用法では，話し手が身内のことを外部の人に話す際に，話題の人物としての身内に対して尊敬語を使用する場合がある。たとえば，関西圏では，家に訪ねてきた客に，「父は今，外出してはります」などと言うことがある。これを身内尊敬用法という。図 13-4 のように身内尊敬

用法を用いる地域は，特定の地域に限定されたものではなく，中部地方から九州・沖縄地方までの広い範囲に存在する。この用法では，話し手が話している相手との関係性をあまり考慮に入れずに，話題の人物としての身内に尊敬語形を使う。これに対して共通語の敬語は，話題の人物に敬語を用いるかどうかは，話の聞き手と話し手との関係性によって左右される。こうした身内尊敬用法は古典語に見られ，日本語の歴史を捉える上でも重要なものといえる。

14 | 方言の多様性

篠崎晃一

《目標&ポイント》 本章では方言を取りあげた古典文献や，実際の方言の分布から方言の実態を捉える。あわせて，方言の変遷過程を分析するための方言学の方法を学ぶことで方言の多様性を捉える。
《キーワード》 方言周圏論，方言分布，中央語，方言地理学，比較方言学，共通語化

1. 文献資料と方言

　前章では，方言の誕生を考える際の要因として，「伝播」と「変容」の二つを紹介し，方言の形成のモデルを提示した。また，方言を分類するという共時的観点から方言を見てきた。
　では，現代においてさまざまな地域差が見られる方言がどのように形成され，どのような変遷過程を経てきたのだろうか。まずはそうした方言の変遷に注目するという点から，文献資料から捉えられる方言について見ていくこととする。
　まず，方言や方言の形成過程を捉える際の概念として，中央語と地方語がある。中央語とは歴史的に政治や文化の中心であった土地における言葉であり，地方語とは中央を除いた地域の言葉を意味する。方言は中央語からの伝播によって地方に伝わり，地方語となって残存するものもある。また，地方語としてその地で形成されたものもある。こうした方言史を捉える方法には，文献を資料とする方法と，現代の方言を資料と

する方法がある。

　文献から方言を探る手がかりとなる地方語が反映された文献はあまり多くはないが，いくつか紹介する。上代においては『万葉集』の東歌や防人歌に当時の東国方言が反映されている。平安時代の文学作品の描写からは，都の人々が，東国方言をなまっていると意識していることがうかがえる。中世の資料では『日葡辞書』『日本大文典』において，キリスト教の宣教師が書き留めた当時の東国方言や九州方言を捉えることができる。また，1650 年に，京都において児童の訛語を矯正するために編まれた『片言』には，「唯」を「たんだ」，「先に」を「さっきに」などといった当時の訛りが記載されている。さらに，「座し給へといふことをねまれといふは北国ことばなり」といった記述があり，これらのことから，成人も含めて京都の市井における言葉の変化の実態を指摘し，京都の言葉の消滅を危惧していることがうかがえる。また，近世においては俗語（特に方言）にかかわる書物がいくつか発刊された。仙台方言を採録した『仙台言葉以呂波寄』，尾張藩の俗語を集めた『尾張方言』，江戸語と山形県の庄内方言を対照させた『庄内浜荻』，盛岡方言を江戸語と対比して示した『御国通辞』，大阪方言と江戸語との違いを記した『浪花聞書』などである。そのうち，日本で初めてとなる全国的な方言集の『物類称呼（ぶつるいしょうこ）』もこの頃に刊行されたものの一つである。『物類称呼』は 1775 年に越谷吾山（こしがやござん）によって編まれたもので，江戸・明治・大正を通じて最大規模の方言集である。

氷柱　つらゝたるひ　〇越後にて。かな氷と云　奥の津軽にて。しがまといふ　同南部にて。醯氷（さくひ）と云　仙䑓にて。たるひと云　會津及信州邊にて。すごほりといふ　西國及近江邊にて。ほだれと云　下總にて。とろうといふ　下野にてぼうがねと云　伊勢白子にて。かなごと云　出羽最上にて。ぼんだらと云氷柱氷の説有　略

図14-1 「氷柱（つらら）」（『日本方言大辞典』(1989) 小学館より作成）

　図14-1に示した「氷柱（つらら）」の方言地図は，国立国語研究所編『日本言語地図』(1966〜1974, 全6巻300枚) の「氷柱（つらら）」の項目を簡略化した地図である。ここに挙がった語形と『物類称呼』の「氷柱（つらら）」の項目とを比較してみてみたい。『物類称呼』には前ページのように記されている。

　図14-1と上記の説明では，仙台の「タルヒ」や山形の「ボンダラ」，千葉北部の「トロロ」などの語形が重なることがわかる。

2. 方言研究の方法

　前節においては，文献から捉えられる方言を紹介した。本節では，現代の方言の歴史を捉える方法について述べていく。

　本来，言葉の歴史を捉えるとき，語ⓐ→語ⓒという変遷過程は，文献の成立順序に対応した形で現れるが，そこに共時の軸を加えると，語ⓐと㊀方言ⓐ㊁とには何らかの対応関係があると考えられる。つまり，中央で使われていた語は，人から人へと伝わり，その人々の移動によって周辺へと伝播していく。その結果，共時態における㊀方言ⓐ㊁～㊀方言ⓒ㊁という分布は，中央で起こった語ⓐ→語ⓒという通時的変化が投影された姿だと考えるのである（図14-2）。そのような理論を構築する分野が「方言地理学」である。

　この分野は，20世紀初頭にフランスの言語学者J・ジリエロンによって始まった。日本では，柳田國男が『蝸牛考』（1930）で提唱した方言周

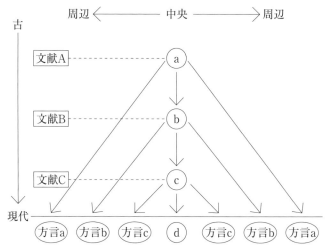

図14-2　語の変遷と伝播

表 14-1　アクセントの対応関係

類	京阪式	東京式	語　例
第1類	●●▶	○●▶	飴, 枝, 顔, 風, 鼻など
第2類	●○▷	○●▷	歌, 音, 型, 川, 橋など
第3類	●○▷	○●▷	泡, 池, 色, 腕, 花など
第4類	○○▶	●○▷	糸, 稲, 笠, 肩, 箸など
第5類	○●▷	●○▷	雨, 井戸, 桶, 声, 琴など

表 14-2　本土方言と琉球方言の音韻対応

本土方言	首里方言	本土方言	首里方言	本土方言	首里方言
i / e	→ i	a	→ a	o / u	→ u

圏論が最初である。この方法は，伝播という外的な要因による言葉の変遷について，方言の分布図を解釈しながら推測するというものである。日本における方言地理学は，主に語彙の面から多くの成果を上げている。

　また，A方言とB方言とがどのような関係にあるのかを，方言の規則的な対応を捉えることによって明らかにする分野を「比較方言学」という。この方法はアクセントや音韻の分野に適用されてきた。特にアクセントにおいては，東京方言と関西方言に大きな違いがある。平安時代の京都のアクセントは，2拍名詞には5種類（第1類〜第5類）あったことが分かっている。表14-1には2拍名詞について東京式アクセントと京阪式アクセントの型を示した。表の●は高い音，○は低い音，▶▷は助詞を示す。これを見ると，京阪式では第4類と第5類は区別があるのに対し，東京式の第4類と第5類は統合されていることが分かる。一般的に見て，こうした統合の現象は合理的な変化であり，自然な流れだと判断できることから，東京式より京阪式の方が古いアクセント体系を保持していると捉えることができる。

また，第13章の「4. 方言の分類（表13-3）」で見たように，本土方言と琉球方言の母音の規則的な音韻対応が明らかになったのも比較方言学の成果といえる（表14-2）。

3. 方言分布とその解釈

　方言の分布にはどのようなタイプがあるのだろうか。方言の単語がすべて周圏論で解釈できるような周圏分布を示すわけではない。本節では，方言の分布のタイプについて見ていきたい。

（1）東西対立型の分布

　東西対立型の分布とは，語形の分布が東西を二分する型のことである。たとえば，図14-3を見ると，「居る」に当たる語形は，東日本のイル類と西日本のオル類に二分される。このタイプの分布図では，東西の境界線がほぼ同じ位置に引かれるが，それは地形的に本州を二分するラインと一致しており，人々の通行を阻む地形が言葉の広がりを阻んだと考えられている。また，紀伊半島南部にはアル類が分布するが，人の移動による伝播の困難さから言えば，半島の先端地域も同様で，古い語形が残りやすいということになる。

（2）周圏型の分布

　図14-4は，『日本言語地図』をもとに「顔」の方言分布を簡略化したものである。日本列島の中央部にカオが分布し，周辺部にツラが分布している。これを方言周圏論の考え方に当てはめると，古くからツラが分布していた地域に新たに中央で生まれたカオが広まったものと考えることができる。このように，中央に分布する語形Bの両側に語形Aが分布するＡＢＡ型の様相を「周圏分布」と呼ぶ。

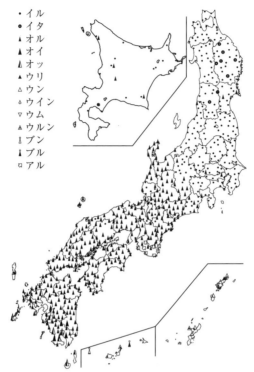

図14-3 「居る」(『日本方言大辞典』(1989) 小学館より作成)

(3) 日本海側対太平洋側型の分布

　この型は，語形の分布が日本海側と太平洋側とで二分される型である。
　凍傷を意味する「霜焼け」のことをユキヤケという地域があるが，これは日本海側に見られ，降雪量の多い地域と重なる。こうした生活環境においては「霜」よりも「雪」を使って「雪焼け」と表現した方が，現実的であったと考えられる。
　シモヤケやユキヤケのほかに，シモバレやシンバレ，カンバレのように語形の後部が「〜バレ」となる語もある。これは「腫れ」を意味する

図 14-4　「顔」の方言地図（小林・篠崎，2003, p.183 より作成）

ものと考えられる。この「〜バレ」と「〜ヤケ」の分布を見てみると，「〜バレ」は「〜ヤケ」の両側に位置している。このことから，（2）で見た周圏分布として捉えると，「〜バレ」は「〜ヤケ」よりも古いと推測できる。さらにシモバレという語は，『日葡辞書』にも記載があることから，中央語として用いられたのちに周辺に伝播し，方言として残存したものと考えられる。

（4）交互型の分布

交互型は，語形が交互に現れる型を指すが，日本海側対太平洋側型の分布と同様に，例が多い型とはいえず，類型として認めにくい型である。図 14-6 に示したように，「舌」を意味する方言形がその一つである。

図 14-6 を見ると，シタとベロがその大半を示す。シタ類は東北の北部に見られ，ベロ類は東北南部から関東にかけて現れているが，千葉南

図 14-5 「霜焼け」(『日本方言大辞典』(1989) 小学館より作成)

部や神奈川ではシタも見られる。さらに、新潟・群馬・長野においてはヘラ、東海地方ではシタベラといったものが見られる。さらに西を見ると、近畿ではシタ、中国・四国・九州ではベロが優勢であるが、九州の南部にはシタが見られる。このように、シタ—ベロ—シタ—ヘラ・シタベラ—シタ—ベロ—シタというように、シタとベロの2類が交互に並んでいる。

　これを東西に分けて考えてみる。東日本ではシタが周辺にあるもの

の，千葉や神奈川に見られるシタがベロを挟む形の周圏的分布が読み取れる。また，西日本でも近畿と九州のシタが中国・四国地方のベロを挟んでいる。よって，シタよりもベロがより新しい語であることが推定できよう。

　ベロは，舌を動かすときの音や動きからきた擬声語であると考えることができる。ヘラやベラというのは形が「へら」に類似することに由来すると考えられる。この他に，シタベラやシタベロなど，シタとベロ（ベ

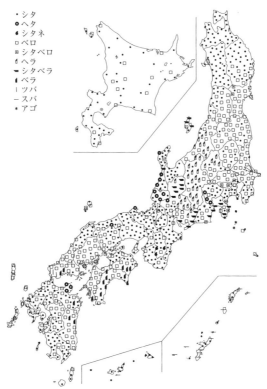

図14-6　「舌」（『日本方言大辞典』（1989）小学館より作成）

ラ）の複合形も生まれている。

（5）複雑型の分布

　複雑型とは，多くの語形が複雑な様相を呈して存在することから，分布の様相を明確に捉えにくいものが多い型のことである。

　特に子どもの遊びに関する語は一般に語形の数が多い。図14-7にある「お手玉」を例に分布を見ると，北海道のアヤ類，西日本のオジャミ類が目立っている。しかしさまざまな語が錯綜し，複雑な様相を呈していることが分かる。アヤの名称は，複数のお手玉を綾模様に交差させて遊ぶ動作に由来すると考えられる（佐藤，2002）。

　また，オヒトツ，ヒーフー，イチドリ，オサラ（イ）などはこの遊びをするときに用いる掛け声や歌の文句とも関連が深いとされている（佐藤，2002）。

　図14-1で取り上げた「氷柱（つらら）」の分布も，このような複雑型の分布の一つである。さまざまな語形が多く存在する理由は，「お手玉」と同様に氷柱（つらら）が子どもにとって遊び道具ともなり得た素材であったことと関係しているのかもしれない。

　ツララは西日本に主に分布し，関東ではアメンボー（「雨・飴の棒」に由来するともいわれる），東北では『源氏物語』（末摘花）にも登場する，タルヒが見られる。現代の共通語ともなっている，ツララはもともとは水面に張りつめた氷を指していたが，その後，意味が変化し，軒先などに垂れ下がる氷を指すようになった。それとともに古語のタルヒが東北の方言として残存したと考えられている。

　鹿児島・愛媛・和歌山・静岡・茨城などの沿岸部にはビードロが分布している。ビードロは，ポルトガル語でガラスを指すが，陽光で輝く氷柱がガラスのようだったことから，そのように呼ばれていたことが推測

図 14-7 「お手玉」(『日本方言大辞典』(1989) 小学館より作成)

できる。島根県の西部に見られるナンリョーは，「南鐐（美しい銀や銀貨）」に形が似ていることが由来となり，九州の大分に見られるヨーラクは「瓔珞（宝石の首飾り）」に由来することから，ビードロと同様にその美的側面に着目して命名されたといえる。このように，氷柱の方言形は多種多様であるが，語形の多様さだけではなく，氷柱のどういった特徴に着目して名付けたのかという点にも地域差が見られそうだ。

(6) グロットグラム

これまで，地理的側面から見られた語の分布の種類を見てきたが，こうした分布は高年層を対象とした言葉の静的側面を捉えているにすぎない。そこで，地理的側面だけではなく，年齢的側面も併せて言葉の動態を捉える方法がグロットグラムと呼ばれる図である。グロットグラムの具体例を図14-8に示した。これは，三重県から和歌山県の31地点を調査し，「とげ（木片）」の方言の動態を捉えたものである。「とげ（木片）」のことを「モノ」という地域は三重県と和歌山県沿岸であることはすでに指摘されている（佐藤，2002）が，図14-8からは現在「モノ」を使用する世代や語形の広がり，「モノ」以外の語の広がりについても捉えることができる。「モノ」は三重県鳥羽市坂手町から海山町の40～70代に使用者が多く，坂手町では10～20代の話者も「モノ」を使用する。ところが，浜島町からは若年層の使用者が減っていき，世代が下るにつれてその勢力を減退させていく様子がうかがえる。このようにグロットグラムによって「モノ」の地理的広がりと，使用世代の境界に線を引くことによって語の変容を捉えることができる。こうした線を「斜めの等語線」という。これは必ず斜めになるというわけではないが，等語線の傾斜具合によって語の変化の速度を知ることができる。

このような方言の減退の一要因としては共通語化が大きくかかわっている。共通語の普及は全国一律に進むわけではなく，方言の変容の実態は一概に説明できないが，こうしたグロットグラム調査を行うことで一定地域に見られる語の変容を動的に捉えることができる。また，共通語化といってもそれが必ずしも東京語化を指すわけではない。真田（1983）では，図14-9に示したように「とんぼ（蜻蛉）」の標準語形の使用率を紹介している（ここでは真田の用語に従い，「標準語」を用いるが，本章中では「共通語」と同じ意味で捉えてよい）。ここでは，関東地方に比し

第 14 章　方言の多様性　| 207

項目名：【とげ（木片）】
質　問：竹を割っているときや，よく削っていない板をこすったときなど
　　　　に何か手に刺さることがあります。何と言いますか。

「モノ」の使用地域・世代

	地点＼世代	10代	20代	30代	40代	50代	60代	70代〜
三重県	1 鳥羽市坂手町	▲	▲				▲	∠
	2 磯部町	♂	Y▲					
	3 浜島町	Y				▲	▲	▲
	4 南勢町	∠		Y	▲			∠▲
	5 南島町	∠					∠	∠
	6 紀勢町	N	N			▲	▲	▲
	7 紀伊長島町	∠	/			▲	▲	
	8 海山町	∠		∠		〰		Y▲
	9 尾鷲市旧市街	⊠	⊠		∠			∠
	10 尾鷲市九鬼	∠	Y		⊠			▲⇧
	11 熊野市飛鳥町	∠	Y			〰		〰
	12 御浜町	□	∠			∠		∠
	13 紀宝町	⊠	⊠			∠	⊠□	
	14 紀和町		□				□	
	15 鵜殿村1	Y						
	16 鵜殿村2		⊠			∠		⊠
	17 鵜殿村3	Y						
和歌山県	18 新宮市1	❖					⊠	
	19 新宮市2		⊠		□			
	20 新宮市3		□					·
	21 那智勝浦町		⊠	⊠		⊠		⊠
	22 太地町		⊠	⊠		⊠	⊠	
	23 古座町	ロ	⊠			ロY	⊠Y	
	24 串本町1				⊠			
	25 串本町2	∠						⊠
	26 串本町3			⊠				
	27 すさみ町	□	◆		□			◆
	28 上富田町1	◆						
	29 上富田町2	◆		◆		N	◆	
	30 上富田町3	◆						
	31 田辺市	∠◆	◆	◆			‡	

凡例　⊠ サカバリ　⊞ サカバレ　□ サクバリ　ロ サクガリ
　　　· サキバリ　Y ササクレ　◆ シャクバリ　⚡ シャクジ
　　　∠ トゲ　‡ ソゲ　♂ ハリ　モノ
　　　〰 ソソラ　△ タケ　⇧ イタノボー　N NA
　　　▲ タテモノ（モン）

図 14-8 「とげ（木片）」のグロットグラム（岸江ほか，2013，p.244 より作成）

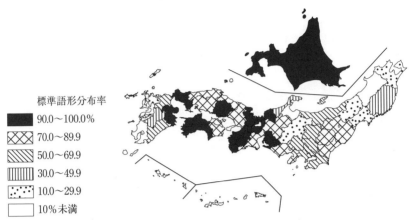

標準語形分布率
■ 90.0〜100.0%
▨ 70.0〜89.9
▧ 50.0〜69.9
▥ 30.0〜49.9
⋯ 10.0〜29.9
□ 10%未満

図14-9 「とんぼ(蜻蛉)」の都道府県別標準語形使用率(真田, 1983, p.115より作成)

て,むしろ近畿地方を中心とした関西地方の共通語形使用率が高いことが分かる。「トンボ」という語は,関西地方で優位な語形といえる。東京語で形成されたと思われがちな共通語だが,このように関西地方の方言の影響も決して少なくないことを示している。

15 | 現代の方言

篠崎晃一

《**目標＆ポイント**》 伝統的な方言がどのように変容したかを概観し，現代の方言のあり方を学ぶ。さらに近年の動向を見ることで方言学の今後の展開と課題を知る。
《**キーワード**》 新方言，ネオ方言，中間方言，言語行動，方言意識，方言のブランド化

1. 伝統方言の変容と新しい方言

　現代の方言のあり方を考えるとき，避けて通れないのは，方言と共通語の関係である。第13章で述べたように，近代化に伴う言葉の統一の動きが進んだが，現代の社会では，どんな場面で誰に対しても，同じような言葉づかいをするということはほとんどない。たとえば，地元で親しい友人と方言で話すという人も，東京で知らない人から道を聞かれれば共通語で返すといったように，方言と共通語の使い分けを行っている。現代の方言は共通語とは違った役割を担うことで，共通語との共存を図り始めたのである。さらに若い世代の中には，もはや方言を話すことができず，共通語しか使えないという人も多い。これは，共通語の普及によって各地の伝統方言が衰退している状況を示している。しかし，各地の若い世代の人たちは，新たな方言を生み出したり，伝統的な方言をアレンジしたりしながら言語生活を送っているのである。
　そのようなあり方に至る過程で，伝統方言はさまざまな変容を遂げた。

1970〜1980年，高度経済成長を果たした日本社会では，交通網の発展，高学歴化が進み，人々の移動とそれに伴う地域社会の構成員の多様化が加速した。地域社会は，地元の言葉を話す人と他地域の言葉を話す人を抱え，その人々の接触場面において，共通語が用いられたり，異なる地域の方言が接触したりする機会が自然に増えた。そうして方言と共通語が個人の中で場面によって使い分けられるようになると，相手・場面・話題などに応じた言葉づかいのレパートリーが増え，さまざまな会話のスタイルが生まれる。方言と共通語，さらに，異なる方言同士も，影響を与え合い，新たなバラエティを生み出したのである。

　沖縄では，琉球の伝統方言の干渉を受けた共通語，ウチナーヤマトゥグチという言葉が中年層以下で使われている。これは，語彙や言い回しが共通語に近く，アクセントやイントネーションは伝統的な方言の特徴を受け継いでいるといった性格のもので，このような言葉を中間方言と呼ぶ。

　一方，方言の発話に共通語的な要素が混在するような会話のスタイルも報告されている。たとえば，関西出身の若者の以下のような会話例があげられる。

　　　C　てか。あたしらなんで仲良くなってたんやろな？
　　　B　わからん。
　　　C　てか。もともとなんの集まりかわからんくない？
　　　B　2年4組やん。
　　　A　でもすごい仲良くなったよな？
　　　C　2年4組やけど，なんか六甲カンツリークラブに行こうってゆっとったぐらいから
　　　A　あー。ゆっとったー。
　　　C　仲良くならんかった？　あれ，結局行けんくなったけどー。

(真田, 2004 より。一部省略し, 下線を付してある)

この会話で用いている言語形式には, 伝統的方言「やろな」「わからん」などに混じって, 下線を引いた方言と共通語が混在した形式「わからんくない」「ゆっとった」「ならんかった」「行けんくなった」などが現れている。こうした, 共通語の干渉を受ける形で生じた中間方言のスタイルをネオ方言と呼ぶ。

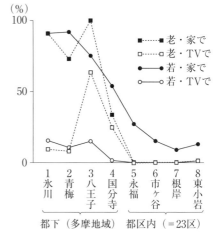

図 15-1　東京 8 地点の「ウザッタイ」の使用率 (井上, 1998 より作成)

また, 伝統的な方言が衰退すると, 通常, 共通語形が広まることが多いが, 中には, 他地域の方言が新しい語形として取り入れられ広まることもある。図 15-1 は東京における「ウザッタイ」の使用状況を表している。「ウザッタイ」はもともと東京多摩地域の「気味が悪い」という意味を表す伝統方言で, 都区内では用いられていなかった。ところが, 都区内の若者がその語形を取り入れ, くだけた場面における日常の言葉として使い始めた様子が分かる。次第に「煩わしい」という意味に変容し, さらには語形も変化させ, 今では「ウザイ」という形で全国に広まっている (このような方言を新方言と呼ぶ)。

2. 地域差の発見

本節では, 変容した方言などの現象以外で, 方言学の研究が進展するにつれ明らかになってきた言葉の地域差, 知られざる現代の地域差の実態について見ていく。

(1) 気付かない方言

　各地の方言の中には，地域特有の表現でありながら共通語だと認識されているものがあり，「気付かない方言」と呼ばれている。これらは，高年層から若年層まで幅広い世代で使われている点に特徴がある。

　例えば，図15-2は，「かゆいところを掻く」という意味の「カジル」の使用状況を甲府市(山梨県)で調査したものである。若年層（中学生）でも75％という高い割合で使われている。

　気付かない方言には以下のようなタイプがある。

① 現代において新しく地域差が発生したもの。
　「ビーシ／ガンピ／トリノコヨーシ／タイヨーシ（模造紙）」
② 古くから地域差が存在したが，気付かれにくかったもの。
　(a) 共通語と形式は同じだが，用法が異なるもの。
　　「ツメル（挟む・関西）」「ナオス（しまう・西日本）」
　(b) 共通語と形式も（用法も）異なるもの。
　　「ホカス（捨てる・関西）」「ハワク（掃く・九州）」

　また，共通語の中では複数の用法が混在しているものが，地域によっ

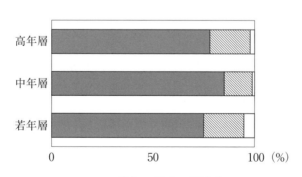

図15-2　カジル（かゆいところを掻く）〈甲府市〉

ては一つの用法に偏って使われる例も見られる（ニク＝牛肉（関西），イモ＝ジャガイモ（北海道）など）。

（2）言語行動の地域差

　言語行動の地域差を扱う研究は，言語形式のバラエティを捉える研究が蓄積されてきた1980年代頃から本格化してきた。言語行動とは，具体的な場面に応じて言語形式や言語記号を選択し，それらを組み合わせて働きかけを行うことである。依頼，勧誘，断り，謝罪，感謝の言語行動といったものなどがあり，その目的を果たすための言語形式や言語記号の選択・組み立てについても研究されている。たとえば，依頼の言語行動では，友人にお金を借りる場面で，10円借りる場合なら「ちょっと10円貸して」で済むが，5000円借りるとしたら，「ごめん，大変申し訳ないんだけど，今持ち合わせがないから5000円貸してくれない？」といったように，単に「貸す」の部分の形式を変化させるだけでなく，「ごめん」「大変申し訳ない」「今持ち合わせがない」のような要素を添加することが考えられる。つまり，その依頼の言語行動で，どういう要素を選択するか，いくつ選択するか，どのような順序で組み合わせるかなど，さまざまな働きかけ方があるということである。この，言語行動の実現の仕方に地域差が見られるのである。

　たとえば，ちょっと離れたところにある本をとってもらう依頼をするとき，「その本をとってくれませんか」「その本をとってくれますか」のどちらの形式を使うだろうか。否定形式を使うか，肯定形式を使うか，この表現の選択には，図15-3のような地域差がある。

　肯定形式による表現は，主として，関東，関西とその周辺に見られ，列島の周辺地域には見られない。否定形式の周圏的な分布から，肯定形式が時代的に新しいことが推測される。このようにどちらの形式を好む

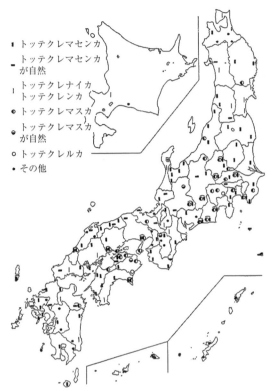

図 15-3 「その本をとってくれませんか」・「その本をとってくれますか」(真田, 1983 より作成)

かといった形で現れる言語行動の地域差は，そもそも地域ごとに独自の形式を持つ俚言の地域差に比べて目立たず，気付かれにくい。

　さらに言語行動を大きな単位で分析し，地域差を捉えることもできる。図 15-4 は，行きつけのお店に荷物を預けるという依頼場面において，仙台，東京，京都，熊本の 4 地域で，依頼行動を組み立てている要素の使用数を調べた結果である。

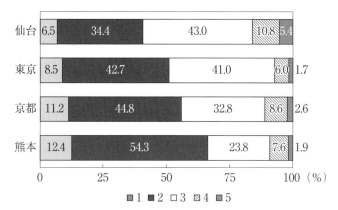

図 15-4　荷物預け場面における要素使用数の地域差
(熊谷・篠崎, 2006 より作成)

　この荷物預けの場面では仙台＞東京＞京都＞熊本の順に,要素の使用数が多いという傾向が見られる。また,これらの組み合わせ方の面でも,仙台,東京では,「アノー　チョット　ヨソエマワルノデ　自転車　アズカッテモラエマスカ？」のように,「アノー」などの注目喚起の表現の後,預かりの依頼をいうパターンが多いのに対し,熊本では,「スマンバッテン,イットキ　オカセテクレンナ」のように恐縮の表明をした後に預かりの依頼をいうパターンが多いといえる。

　さらに,会話の展開に関する研究も進んでいる。各地の方言の会話資料を用い,「結婚が決まった家の人に道で会ったときのお祝いの挨拶」の会話の分析も行われている(沖, 2006)。たとえば,京都府京都市では以下のような会話が交わされる。

　　A　あ,こんにちは。／あの,今度息子さんにお嫁さん決まったそうでございまして〈確認〉。／おめでとうございます〈祝い〉。
　　B　ええ。まあ,／縁あって,やっと〈謙遜〉／決まりましたんで〈報告〉。／ま,ほっとしとります〈安堵感情発露〉。／ええ人が〈積

極的嫁配慮〉見つかりまして〈報告〉。
A′　どちらの方もらわれますんですか　どなたの御紹介で　お嫁さんお年はおいくつです。〈社交的尋ね〉
（方言研究ゼミナール，1991。表記は読みやすいように改変してある）

〈　〉は，祝いに用いられる表現の要素を内容別に分類したものである。全国的に「おめでとうございます」「決まったそうでございまして」のような，〈祝い〉や〈確認〉，さらに「よかったですね」のような〈感想〉が述べられることが多い。その中で，近畿圏では，下線の表現のように「どこから嫁をもらうのか」「誰の紹介か」「年はいくつか」といった〈社交的尋ね〉を積極的に用いて話をつなげていくことが多いという特徴が見える。一方，東海地方のように，道端でこうした祝いの会話自体を避ける地域すらある。

その他に，敬語行動の地域差や，敬語を含めた待遇の段階の地域差など，さまざまな地域差が明らかになってきている。また，言語行動の分野は，言語形式だけでなく，言語形式に伴う要素としての声の大小，声の質，抑揚，さらには身振り，表情などの非言語の地域差も射程とする。たとえば，食前のあいさつ「いただきます」をいうときに手を合わせるかどうかといった点にも地域差がある。こういった幅広い視野での現代の地域差の解明が方言学の今後の課題となっている。

3．方言に対する意識

現代の方言の特色として，方言に対する意識の変容が挙げられる。

1960年代の新聞には，方言を笑われたことが原因で，争いが起きたり，あるいは自殺してしまったりするという痛ましい事件が掲載されることがあった。こうした経験をもとにして植えつけられた方言への劣等感を，方言コンプレックスと呼ぶ。共通語を正しいものとし，それに比し

て，他の方言は「間違った・おかしな」ものという意識が強く根付いていたのである。

しかし，社会の変化とともに方言に対する捉え方が変わり，方言が持つ価値に焦点が当たるようになってきた。

たとえば，方言に対する意識は，日本全国一様ではなく，方言の存在意義が人々に十分認識されている「方言主流社会」では，「方言は表現が豊か」「方言は味がある」といった意見が支持され，共通語にはない趣きや価値を方言に認める人が多いということや，共通語と方言を使い分ける形で方言を後世に伝えていきたいという意識も強いということが指摘

表 15-1　2010 年全国方言意識調査におけるイメージ語にあてはまる「方言」

地域	都道府県ブロック	おもしろい	かわいい	かっこいい	温かい	素朴	怖い	男らしい	女らしい	好き	嫌い
東日本	東北	△			○	◎(1位)					
東日本	青森	○			○						
東日本	秋田					△					
東日本	東京			◎(1位)							
西日本	近畿									△	
西日本	京都		◎(1位)		△				◎(1位)	○	
西日本	大阪	◎(1位)		△				◎(1位)		◎	◎(1位)
西日本	広島					△					
西日本	高知							△			
西日本	九州							◎(1位)			
西日本	福岡							△	△		
西日本	熊本							△			
西日本	鹿児島							○			
	沖縄	○			◎(1位)						

[凡例]　◎：10％以上，○：5％以上，△：3％以上が選択。白黒反転は第 1 位

（田中ゆかり，2011，p.73 より作成）

されている（佐藤・米田，1999）。

また，各地の認知度の高い方言は，文学作品，映画，マスメディアなどでの使用を通して，それぞれのイメージを普及させ，今や「どこどこの方言を話す人はこんな人」といった方言ステレオタイプを，私達の意識の中に築くに至っている（表15-1）。これによると私達は，たとえば，東北弁を話す人は「素朴」，大阪弁を使う人は「おもしろい」という共通イメージを持っているということが分かる。

4. 方言の有効活用

これまで，新しい方言や，言語行動の地域差といった，現代の共通語化の中でなお残る地域差の状況について見てきた。

また，近年，地域社会では，共通語ではなく，あえて意図的に方言を用いているような例が増えてきている。たとえば，写真15-1のような観光地の看板の歓迎フレーズ（「おいでませ」）である。これらを観光あいさつ方言と呼ぶこともある（日高，2013）。「おいでませ」は観光あいさつ方言の先駆けで1970年から使われ始めたもので，現在は山口の観光PRにかかわるさまざまな動きとタイアップし，前面に押し出されている。各地の観光地では，このような観光あいさつ方言を積極的に使う歓迎看板が多数見られるようになった。本節では，このように現代の中で活用される方言の実態について見ていく。

写真 15-1　山口県山口市の方言看板
（撮影：津田智史）

（1）方言のブランド化
① 地域資源としての方言

　写真 15-2 は，愛媛県宇和島市のお店の店頭に掲げられた看板である。「ぬくいこたつ　あるけん　ゆっくりして　いきさいや（温かいこたつが　あるから　ゆっくりして　いきなさい）」と書かれている。ここが「宇和島」であるということの地域性の演出と同時に，方言のぬくもりが，来店客に対する気遣いを一層引き立てている。

　また，明治以降進行した都市化，近代化により，今や無個性な風景が全国各地で広がるようになり，地域独特の街並み・風景が減少した。そういった街並み・風景の中において，地域性を表すツールとして方言を利用した景観も増えつつある（高岡，2011）。

　近年では，地域活性化などを目的にした，ご当地方言ヒーローも各地に見られる。たとえば，地域活性化に活用されている事例として，秋田県には「超神ネイガー」というローカルヒーローが存在する。2005 年に誕生した「超神ネイガー」は，ナマハゲの発する「悪い子はいねがー，泣く子はいねがー」から命名された。ネイガーの敵役は，「だじゃく組合」（ダジャク＝乱暴）の「ホジナシ怪人」（ホジナシ＝だらしない人）達である。怪人達の名前は，ほぼ「地域社会で許されない行動・性癖」を表す秋田方言の性向語彙を反映して作られ，人気を博している（日高，2009）。このようなご当地方言ヒーローは，今や各地に存在する。

　方言は経済資源として地域のお土産にも利用されている。各地の方言みやげ 662 個を県ごとに集計し，グ

写真 15-2　**愛媛県宇和島市の方言看板**（撮影：津田智史）

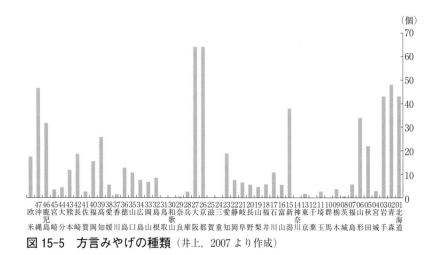

図 15-5　方言みやげの種類（井上，2007 より作成）

ラフ化したのが図 15-5 である。

　方言みやげの多さが示す方言産業の強さは，方言的特徴（言語的価値）と観光客の多さに加え，地元の人の方言意識，方言を大事にする気持ちを反映している。方言みやげに象徴される方言産業は，認知度が高く，方言への愛着心が強い地域に栄えている。

② **装う方言**

　2000 年代になると，方言に対する価値の変容はより顕著に現れ，方言を「楽しむ」風潮が生まれてくる。若者，特に首都圏の女子高生の間で方言をメールなどに取り込む動きが見え始め，たとえば，「昨日メールくれなかったっしょ？　がちゅーりからめしー」のような言葉遣いが行われている。ここには，北海道方言「がっつり（しっかり，思い切り，たっぷり）」の変化形，共通語「からむ」，文末には山梨方言の「〜し」と，各地の方言が盛り込まれ，出身地域などにこだわらない方言の使用がうかがえる。また，女子高生方言ブームに乗って，写真 15-3 のような方言

訳辞書も出版された。

近年，人々の頭の中にあるイメージとしての「○○方言」を，その場その場で演出しようとするキャラクター，雰囲気，内容に合せて臨時的に着脱する現象が目立ち始め，それを指して「方言コスプレ」と名付けられた（田中，2011）。

その背景には，前節で述べた方言ステレオタイプが深くかかわっている。たとえば，鈴木央作のゴルフ漫画「ライジングインパクト」では，東北方言（福島方言）を話す主人公ガウェイン七海が，ゴルフに対して一途で，天真爛漫，純朴なキャラとして描かれている。人々が持つ方

写真 15-3 『ちかっぱめんこい方言練習帳！』

言ステレオタイプがキャラクターの特徴描写に利用されている例といえよう。また，水島新司作の野球漫画「ドカベン」では，主人公の所属する明訓高校野球部のサブキャラクターとして，関西弁を話す岩鬼正美や，静岡方言の文末表現「〜づら」を用いる殿馬一人が登場する。ところが，この二人はともに神奈川県の出身である。キャラクターの出身地の設定とは関係なく，他地域の方言を話しているのである。それぞれの方言が持つイメージを利用してキャラクターの特徴を示す方言コスプレと思われる。

（2）方言の現在と将来

1990 年代になると，若い世代では方言が，共通語の中にところどころ散りばめられて，演出として用いられるようになる。これを，方言のアクセサリー化と呼ぶ（小林，2004）。方言の観光看板や方言土産，方言コスプレも，このように方言を演出のツールとして使う流れに加わって，共

通語にはない付加価値を方言に見出す，いわば方言のブランド化の現象ともいえる。共通語化が進んだ結果，少数派となった方言が珍らしがられ，価値が高まっているのである。若者の間では，方言を話せることに価値を見出し，共通語のみでは，個性がない，おもしろみがない，楽しさがないと，コンプレックスを持つ者までいる（陣内, 2007）。こうした話者の意識も方言のブランド化の影響として捉えられる。2013 年の流行語となった「じぇじぇじぇ」なども方言のブランド化を象徴している。このように，方言が，単に各地域社会におけるコミュニケーションの手段としてではなく，人々の帰属意識を強めたり，あるいは地域をアピールする重要なアイテムとして，その価値が見直され有効活用される時代になってきている。

　また，これまでに紹介したもの以外にも，現代の方言の状況を示し，方言の将来を示唆する事象がさまざま見られる。

　たとえば，2011 年の東日本大震災では，被災地支援に駆けつけた自衛隊が，被災地の方言を使った応援メッセージをステッカーにして，ヘルメットやヘリコプターの胴体に貼ったという。その後，「がんばっぺし気仙沼」「やるっちゃ宮城」「けっぱれ東北」などといった方言スローガンが続々登場した。これらの方言を使った激励は，被災者の間では「親近感が湧いて勇気がもらえる」と好評で，方言によるメッセージが東北地方の被災者を励ますのに一役買ったといえる。一方，支援に入った人達が，現地の方言を知らないがため，意思疎通に戸惑う場面もあったという。こういった教訓を得て，方言母語話者と非母語話者のコミュニケーションの問題を解消する，医療コミュニケーションの手助けとなる方言集や，ハンドブックの開発がますます盛んになった（竹田, 2012／岩城, 2012）。

　今後，現代社会の中で方言の位置付けがどう変わり，方言自体がどう変化していくのか，注目されるところである。

参考文献

【第1章】

田野村忠温（1997）「日本語の話者数順位について―日本語は世界第六位の言語か？―」『国語学』189

角田太作（2009）『世界の言語と日本語―言語類型論から見た日本語―改訂版』くろしお出版

ルイス・フロイス，岡田章雄訳注（1991）『ヨーロッパ文化と日本文化』岩波文庫

【第2章】

風間喜代三ほか（1993）『言語学』東京大学出版会
小泉保（2003）『改訂 音声学入門』大学書林
斎藤純男（2010）『日本語音声学入門 改訂版』三省堂
城生佰太郎ほか編（2011）『音声学基本事典』勉誠出版
服部四郎（1979）『新版 音韻論と正書法』大修館書店
服部四郎（1984）『音声学』岩波書店
松森晶子ほか（2012）『日本語アクセント入門』三省堂

【第3章】

有坂秀世（1955）『上代音韻攷』三省堂
有坂秀世（1957）『国語音韻史の研究 増補新版』三省堂
沖森卓也編（2010）『日本語史概説』朝倉書店
築島裕（1969）『平安時代語新論』東京大学出版会
豊島正之（1984）「『開合』に就て」『国語学』136
中田祝夫編（1972）『講座国語史 音韻史・文字史』大修館書店
橋本萬太郎ほか（1977）『岩波講座 日本語5 音韻』岩波書店
森博達（1991）『古代の音韻と日本書紀の成立』大修館書店

【第4章】
有坂秀世（1957）『国語音韻史の研究 増補新版』三省堂
高松政雄（1986）『日本漢字音概論』風間書房
築島裕編（1995）『日本漢字音史論輯』汲古書院
中田祝夫・林史典（2000）『日本の漢字』中公文庫
沼本克明（1986）『日本漢字音の歴史』東京堂出版
服部四郎（1979）『新版 音韻論と正書法』大修館書店
湯沢質幸（1987）『唐音の研究』勉誠社

【第5章】
奥津敬一郎（1978）『「ボクハウナギダ」の文法―ダとノ』くろしお出版
金田一春彦編（1976）『日本語動詞のアスペクト』むぎ書房
田窪行則（2010）『日本語の構造―推論と知識管理』くろしお出版
角田太作（2012）「人魚構文と名詞の文法化」『国語研プロジェクトレビュー』7，国立国語研究所
西山佑司（2003）『日本語名詞句の意味論と語用論―指示的名詞句と非指示的名詞句―』ひつじ書房
西山佑司編（2013）『名詞句の世界―その意味と解釈の神秘に迫る―』ひつじ書房
橋本進吉（1948）『新文典 別記口語篇』冨山房
益岡隆志（1987）『命題の文法―日本語文法序説―』くろしお出版
益岡隆志・田窪行則（1992）『基礎日本語文法―改訂版―』くろしお出版
南不二男（1998）『現代日本語の構造』大修館書店

【第6章】
金田一春彦編（1976）『日本語動詞のアスペクト』むぎ書房
工藤真由美（1995）『アスペクト・テンス体系とテクスト―現代日本語の時間の表現―』ひつじ書房
益岡隆志（2000）『日本語文法の諸相』くろしお出版
益岡隆志・田窪行則（1992）『基礎日本語文法［改訂版］』くろしお出版

【第 7 章】

井島正博（2010）「ノダ文の機能と構造」『日本語学論集』6，東京大学大学院人文社会系研究科国語研究室

野田春美（1997）『「の（だ）」の機能』くろしお出版

益岡隆志（1991）『モダリティの文法』くろしお出版

益岡隆志（2000）『日本語文法の諸相』くろしお出版

益岡隆志・田窪行則（1992）『基礎日本語文法［改訂版］』くろしお出版

【第 8 章】

金水敏・高山善行・衣畑智秀・岡崎友子（2011）『（シリーズ日本語史）文法史』岩波書店

築島裕編（1982）『講座国語史　文法史』大修館書店

山田孝雄（1952）『平安朝文法史』宝文館

山田孝雄（1954）『奈良朝文法史』宝文館

【第 9 章】

沖森卓也・木村義之・田中牧郎・陳力衛・前田直子（2011）『図解日本の語彙』三省堂

田中章夫（1978）『国語語彙論』明治書院

前田富祺（1985）『国語語彙史研究』明治書院

宮地敦子（1979）『身心語彙の史的研究』明治書院

室山敏昭（1987）『生活語彙の基礎的研究』和泉書院

【第 10 章】

築島裕（1981）『日本語の世界　5　仮名』中央公論社

築島裕（1986）『歴史的仮名遣い―その成立と特徴―』中公新書（2014 年に吉川弘文館より復刊）

山本正秀（1978）『近代文体形成史料集成　発生篇』桜楓社

吉田澄夫・井之口有一編（1962）『明治以降国字問題諸案集成』風間書房

【第 11 章】

築島裕（1963）『平安時代の漢文訓読語につきての研究』東京大学出版会
峰岸明（1986）『平安時代古記録の国語学的研究』東京大学出版会
山口佳紀（1993）『古代日本文体史論考』有精堂
山本正秀（1965）『近代文体発生の史的研究』岩波書店

【第 12 章】

足立巻一（1974）『やちまた 上・下』河出書房新社
尾崎知光編（1990）『詞八衢』勉誠社
古田東朔・築島裕（1972）『国語学史』東京大学出版会
馬渕和夫・出雲朝子（1999）『国語学史―日本人の言語研究の歴史―』笠間書院
山田孝雄（1943）『国語学史』宝文館

【第 13 章】

加藤正信（1977）『岩波講座 日本語 11 方言』岩波書店
琴鐘愛（2005）「日本語方言における談話標識の出現傾向―東京方言，大阪方言，仙台方言の比較―」『日本語の研究』1-2
久木田恵（1990）「東京方言の談話展開の方法」『国語学』162
小林隆・木部暢子・高橋顕志・安部清哉・熊谷康雄（2008）『シリーズ方言学 1 方言の形成』岩波書店
小林隆・篠崎晃一編（2003）『ガイドブック方言研究』ひつじ書房
佐藤亮一（1986）「方言地図からみた「しあさって」と「やのあさって」」馬瀬良雄編『論集日本語研究 10 方言』有精堂
佐藤亮一監修（2002）『方言の地図帳』小学館
篠崎晃一・小林隆（1997）「買い物における挨拶行動の地域差と世代差」『日本語科学』2．国立国語研究所

【第 14 章】

岸江信介・太田有多子・中井精一・鳥谷善史編著（2013）『都市と周縁のことば―紀伊半島沿岸グロットグラム』和泉書院
木部暢子・竹田晃子・田中ゆかり・日高水穂・三井はるみ編著（2013）『方言学入門』

三省堂
小林隆・篠崎晃一編（2003）『ガイドブック方言研究』ひつじ書房
佐藤亮一監修（2002）『方言の地図帳』小学館
真田信治（1983）『日本語のゆれ―地図で見る地域語の生態』南雲堂
東條操校訂（1941）『物類称呼』岩波書店

【第 15 章】
庵功雄・日高水穂・前田直子・山田敏弘・大和シゲミ（2003）『やさしい日本語のしくみ』くろしお出版
井上史雄（1989）『言葉づかい新風景（敬語と方言）』秋山書店
井上史雄（1998）『日本語ウォッチング』岩波書店
井上史雄（2007）『変わる方言 動く標準語』筑摩書房
岩城裕之（2012）「医療従事者のための方言の手引き」『日本語学』31-8，明治書院
沖裕子（2006）「談話構造の地理的変種」『日本語談話論』和泉書院
かわいい方言で日本を幸せにする会（2005）『ちかっぱめんこい方言練習帳！』主婦と生活社
木部暢子・竹田晃子・田中ゆかり・日高水穂・三井はるみ編著（2013）『方言学入門』三省堂
琴鐘愛（2005）「日本語方言における談話標識の出現傾向―東京方言，大阪方言，仙台方言の比較―」『日本語の研究』1-2
久木田恵（1990）「東京方言の談話展開の方法」『国語学』162
熊谷智子・篠崎晃一（2006）「第 3 章 依頼場面での働きかけ方における世代差・地域差」国立国語研究所『言語行動における「配慮」の諸相』くろしお出版
小林隆・篠崎晃一編（2003）『ガイドブック方言研究』ひつじ書房
小林隆（2004）「アクセサリーとしての現代方言」『社会言語科学』7-1，社会言語科学会
佐藤和之・米田正人（1999）『どうなる日本のことば―方言と共通語のゆくえ』大修館書店
佐藤亮一監修（2002）『方言の地図帳』小学館
真田信治（1983）『日本語のゆれ―地図で見る地域語の生態』南雲堂
真田信治（2004）「ネオ方言はどのようにして生まれるのか」岩波書店編集部『フィー

ルドワークは楽しい』岩波書店
真田信治（2007）「第1章 発話スタイルと方言」小林隆編，真田信治・陣内正敬・井上史雄・日高貢一郎・大野眞男『シリーズ方言学 3 方言の機能』岩波書店
篠崎晃一（1996）「気づかない方言と新しい地域差」小林隆・篠崎晃一・大西拓一郎編『方言の現在』明治書院
篠崎晃一（2002）「言語行動の方言学」日本方言研究会編『21世紀の方言学』国書刊行会
柴田武（1958）『日本の方言』岩波書店
陣内正敬（2007）「第2章 若者世代の方言使用」小林隆編，真田信治・陣内正敬・井上史雄・日高貢一郎・大野眞男『シリーズ方言学 3 方言の機能』岩波書店
高岡弘幸（2011）「社会分析ツールとしての言語景観―観光を中心として―」内山純蔵監修，中井精一・ダニエル・ロング編『世界の言語景観 日本の言語景観―景色のなかのことば』桂書房
竹田晃子（2012）「被災地域の方言とコミュニケーション―東日本大震災を契機にみえてきたこと―」『日本語学』31-6
田中ゆかり（2011）『「方言コスプレ」の時代―ニセ関西弁から龍馬語まで』岩波書店
日高水穂（2009）「秋田における方言の活用と再活性化―フォークロリズムの視点から」『言語』38-7
日高水穂（2013）「地域資源としての「方言」」木部暢子・竹田晃子・田中ゆかり・日高水穂・三井はるみ編著『方言学入門』三省堂
方言研究ゼミナール幹事団編（1991）『方言資料叢刊第1巻 祝言のあいさつ』方言研究ゼミナール
松本修（1996）『全国アホ・バカ分布考―はるかなる言葉の旅路』新潮社

索引

●配列は50音順，＊は人名を示す．

CVC音節　45, 62
CVi音節　45
CVu音節　44
CVV音節　44, 61
CV音節　43
IPA　24, 26
m音便　45
n音便　45, 46

──────────────────────

●あ 行

アイダ節　92
あきま　53, 54
ア行音の発音　39
アクセント　36
アクセント型の対応　37
アクセントの独立性　49
アクセントの変化　48
アクセントの変遷　49
アクセントの歴史的変化　37
アスペクト　76, 81, 85
ア段長音　55
ア段母音　31
吾妻鏡　162
アト節　92
後戻り　95
アヤワ三行統合の歴史　39
アヤワ三行の変化　38
あゆひ抄　174
言い換え　150
異音　33
イ音便　43, 44, 117
意義素　132
意義特徴　132, 134
意思　105

意思・勧誘　96
位相語　138, 139
イ段母音　31
1音節名詞　37
一時的状態　68
一段活用動詞　78
一段動詞　79
一致関係　68
稲荷山古墳出土鉄剣銘　141
意味・用法の分担　188
意味記述の方法　132
いろは四十七文字　38
韻鏡図　174
インド・ヨーロッパ語族　17, 19
インド・ヨーロッパ祖語　17
う（よう）　96, 97, 106, 109, 111
上田萬年（万年）＊　179, 184
ヴォイス　76
ウ音便　43, 44, 117
うが〜うが　107
浮世床　45
浮世風呂　45
ウ段母音　31
ウ段拗音　56
ウチナーヤマトゥグチ　210
うと〜うと　107
ウナギ文　71, 72
卜部兼方＊　171
ウラルアルタイ語　18, 19
運動・動作・状態　75
運動の場所・範囲　68
影響　77
影響の受け手　77
エ段音　25

エ段母音　31
江戸語　123, 163
円仁＊　172
往来物　160
大槻文彦＊　179
尾崎紅葉＊　165
オ段長音の開合　44
オ段母音　31
音を数える単位　35
オノマトペ　131, 132
オノマトペの語形　132
音韻　33
音韻学　170
音韻規則　56
音韻的音節　35, 36
音韻変化　145
音韻論的音節　35
音韻論的解釈　43
音声学的音節　35
音声器官　24
音声記号　24
音声的音節　35
音節　34, 36, 55
音節境界　35
音節縮約現象　48
音節のバリエーション　56, 57, 61, 63
音節の融合　60, 61
音節末子音　52
音節末鼻音　60
音素　32, 33
女言葉　109
音配列則　56
音便　43, 48, 117
音便現象　48, 60

● か　行

か　97, 107〜109
が　105
開音節化　52
悔恨　80
開始　90
概念　132
開拗音　59
外来語　51, 52, 54〜56, 59, 62, 63, 129, 137
外来語らしさ　54〜56
係助詞　67
係り結び　116, 119
係り結びの呼応の乱れ　121
書き言葉　65
カ行子音　28
ガ行子音　28
ガ行鼻濁音　41
カ行変格活用動詞　78, 79
格成分　96
格体制　70
過去　82, 91, 94
下降　109
下降音調　105
下降調　110
片仮名　144
カタカナ語　51
片仮名専用論　150
かたかんな　144
片言　195
型の対応　49
学校文法　179
過程　90
仮名遣い　145, 170
可能　76, 78
可能性　79, 96, 98, 99

可能動詞　122
ガノ交代　102
上方語　123, 163
かもしれない　96, 98
から　105
漢音　57, 58, 60
漢音読み　128
漢語　22, 51, 56, 128, 131, 137
漢字　56, 140
漢字音　44, 56, 57, 59, 61
漢字御廃止之議　149, 164
漢字音らしさ　61
漢字片仮名文　161
漢式和文　154
漢字制限論　151
感情形容詞　69, 70
完成相　85, 94
間接疑問文　107, 108
関東方言のアクセント　37
かんな　143
漢文　153
漢文訓読　144
漢文訓読体　156〜158, 160, 161, 163
漢文訓読特有語　160
漢文直訳体　163, 164
願望　76
擬音語　131, 132
期間・頻度　81
危機言語　22
擬古文　162〜164
戯作文体　164
疑似分裂文　71, 72
疑似モダリティ　76, 83, 96〜98, 102
基準時点　82, 86
擬人化　77
擬態語　131, 132

気付かない方言　212
基本形　82〜85, 91〜94, 97, 99
疑問　97, 107, 108
疑問文　103, 108
逆接　74, 75
狂言台本　162, 163
共通語　180, 181, 183, 184
共通語化　206
共通の意味特徴　133
京都方言　37
京都方言のアクセント　48
強要　80
巨視的時間把握　82, 88
許容　80
キリシタン資料　162, 163
キリシタン（の）宣教師　149, 172
記録体　156, 160〜162
近世唐音　62, 63
金田一春彦＊　191
空海＊　171
空間的な領域　69
ク活用　114, 122
公家日記　160, 162
ク語法　113, 117, 118
ください　97
グロットグラム　206
訓点　158
訓令式　147
継起性　94
敬語　139
繁辞　71
形態素　127
契沖＊　145
軽卑語　139
形容詞　68, 69, 91, 92, 96, 106
形容詞文　69

形容動詞　68, 69, 88, 91, 92, 96, 106, 108
結果　86
けど　105
原因・理由　74, 75
言語行為　75, 96
言語行動　183, 213
言語の恣意性　131
言語類型論　20
現在　82, 94
顕昭＊　169
現代かなづかい　146
現代仮名遣い　146
現代共通語の音韻体系　34
現代語の撥音　47
言文一致　164
言文一致体　164
言文一致運動　164
言文二途　119, 162, 164
語　126
語彙　126
語彙史　136
語彙体系　126, 130
語彙量　127
後悔・非難　89
口蓋化　43
降格受動文　76
口語　162
口語体　165
甲骨文字　141
口語文法　112, 125
恒常的な属性　68
合拗音　59, 60
呉音　57, 58
呉音読み　128
語基　127
国学　174

国際音声字母　24, 26
国字　142
国字問題　149
語源　135
語源説　135
語源俗解　188
語源溶解　135
語構成　127
語誌　135
古事記　154
語種　128, 137
五十音図　170
五十音図的枠組み　38
語種による音節バリエーション　55, 57
語順　65
語順の類型論　20
戸籍法　152
戸籍法施行規則　152
コソアド体系　122
古代朝鮮語　129
五段活用動詞　78, 97
言霊思想　167
異なり語数　128, 129
詞の八衢　178
語の区別　36, 50
コの甲乙　43
語のまとまり　36, 50
コピュラ　71, 102, 105
語法指南　179
古文書　160, 162
固有名　130
混交　187
混淆文体　161
今昔物語集　161
混種語　129, 137

●さ 行

さ　97, 107, 108
斎宮忌詞　167
最小対　33
最澄＊　171
在唐記　172
さう　143
さうのかんな　143
嵯峨の屋御室＊　165
サ行・タ行の合拗音　60
サ行音　41
サ行子音　28, 40
ザ行子音　28, 33, 40
サ行変格活用動詞　78
三形対立　160
参照時　85
サンスクリット語　129
三代集　169
し　105
子音の発音　28
子音の変化　39
使役　76
使役主　79
使役文　67, 79
使役を表す助動詞　157
ジェンダー　138
字音語　51, 56
字音語らしさ　56
時間の範囲　69
時間副詞　81
時間名詞　81
色彩語彙　129
式亭三馬＊　45
シク活用　114, 122
示唆　80

指示対象　132, 133
指示代名詞　114, 118, 122
指示的名詞句　71
辞書　139
時制（テンス）　74, 81, 96, 105
時制節　75, 97, 98, 100, 105〜111
事態　75
自他対応　67
悉曇口伝　172
実名忌避　167
質問文　104
指定の形式　70, 105
自動詞　66, 77, 86, 88, 89
自発　78, 79
社会方言　180
釈日本紀　171
じゃないか　97, 107
自由異音　33, 34
重音節　62
習慣　88
周圏分布　185, 199
周圏論的解釈　186
終助詞　75, 76, 97, 98, 105, 107
従属節　73, 90, 92, 105, 107, 108
袖中抄　169
重箱読み　129
終了　90
受影者　77
主格　66, 68
主観　105
主観的評価　96
縮約　48
主語　64, 75
主節　73, 75, 90, 92, 105, 108
主題　67, 68, 75
主題化　67, 79

手段・方法　75
述語　64, 66, 96
受動　76
受動文　77, 89
純漢文　154
準体助詞　97
準体節　74, 75, 97, 100, 102, 105
準備的行為　89
昇格受動文　76, 77
小学校令施行規則　144, 151
状況可能　78
条件　74
条件異音　33, 34
使用語彙　128
小主語　69
上昇　106, 109
上昇調　109, 110
状態・評価形容詞　69
上代語の音節　43
上代特殊仮名遣い　41, 42, 113, 115
状態変化　88
譲歩　74
抄物　162, 163
常用漢字表　151
省略　65
叙述名詞句　71
女性語　138
女性的　109
所属　68
シラビーム　35
シラブル　34
自立語　64
新漢語　137
進行　86
真言　171
新字採用論　150

真性モダリティ　76, 96～98, 105
親族語彙　130
親族呼称　130, 131
身体語彙　131
神代文字　140
唇内撥音便　117
新文典　179
新方言　211
新村出　179
人名用漢字　152
人名用漢字別表　152
心蓮*　172
遂行動詞　84
遂行文　85
推定　96, 98, 100, 101
推量　75, 96, 105
推論　99
数量表現　81
スコープ　103
鈴木朖*　178
ストレスアクセント　36
ぜ　97, 107, 111
西欧語　56
正音　58
生活語彙　138
性差　109
正式漢文　154
静態叙述文　66, 68, 94
静態的　82
静態動詞　72
清濁の対立　132
声門閉鎖　32
接続助詞　105
絶対的テンス　91
折衷文体　161
舌内撥音便　117

接尾辞　127
説明　96, 104
先後関係　92
全濁声母の無声化傾向　59
前鼻音化子音　41
前鼻音要素　48
宣命体　156
ぞ　97, 107, 111
草仮名　143
そうだ　100, 102
相対的テンス　91
争点　103
相補分布　33
促音　30, 31
促音便　43, 45, 47
俗漢文　154
属性　68
尊敬文　76

●た　行
た　91
対格　66, 68, 69
対義語　134
待遇表現　139
大主語　69
第四種動詞　73, 88
多音併用　58
高さのアクセント　36
多義語　134
タ行音　53
タ行子音　29, 40
ダ行子音　29, 40
濁音　41, 61
濁音語形　132
濁子音　41
タクシス　94

タ形　82, 91〜94, 99
多言語使用　22
ただろう　106
「だ」調　165
他動詞　66, 86
妥当性　84, 96, 98〜100
田中館愛橘*　147
たのなら　94
たら　93
タラ節　93, 94
陀羅尼　171
タリ活用　114, 117
たろう　106
だろう　96, 97, 108〜111
だろうよ　109, 110
男性　109〜111
男性語　138
男性的　109
単なる状態　88, 90, 91
談話　183
地域方言　180
知覚　100, 101
地方共通語　184
地方語　194
中央語　185, 187, 194
中間方言　210
中国語　62
中止　74, 75
注釈的　108
中世唐音　62, 63
中等文法　口語　179
中等文法　文語　179
長母音化　44, 45
直音　59
陳述　75
つつある　89

角田太作＊　20
強さのアクセント　36
て　97
「であります」調　165
てある　89, 91, 95
「である」調　165
定家仮名遣い　145
ていく　89
ていた　91
程度大を表す副詞　158
程度副詞　101
丁寧形　105〜108, 111
ている　85, 87, 91, 95
テカラ節　93
適格性　70
出来事時　83
てくる　89
てしまう　89
でしょうよ　109
です　111
「です」調　165
出どころ　68
手取り足取り　80
ては　169
ではありませんか　107
ではないか　107
テンス　76, 81
伝達的態度　96
伝播　185
伝聞　100, 102
伝聞情報　101
と　93
唐音　62, 63
唐音語　63
同音衝突　188
頭音法則　61

唐音読み　128
同器官的鼻音　30
同義語　133
東京方言　37
同訓異字　134
東国方言　195
動作主　78, 79, 87
動詞　68, 91, 96
動詞活用の起源　113
動詞の活用表　174
東条操＊　189
動態叙述文　66, 94
動態的　82
動態動詞　83, 85
東北方言　41
当用漢字表　151
時枝誠記＊　179
トキ節　91
ト節　93
取り立て助詞　67

●な　行

な　107
ないだろう　106
内的再構　40
ナ行子音　29
なら　93
ナラ節　93, 94
ナリ活用　114, 117
2音節名詞　37
二重子音　35, 52
二重主語文　69
二重母音　44, 57
二重母音音節　44, 61
二重母音の長母音化規則　45
二段活用の一段化　120, 123

にちがいない　96, 98
日仏辞書　173
日葡辞書　172
日本漢字音　22, 58, 59
日本言語地図　196
日本語学習者の数　15
日本語系統論　17, 18
日本語研究の契機　168
日本語研究の歴史　166
日本語の話者数　15
日本式　147
日本小文典　163
日本書紀　154, 155, 171
日本大文典　41, 44, 172
人魚構文　71, 73
人称代名詞　114, 118, 122
ね　97, 107, 109, 110
ねえ　110
ネオ方言　211
の　97
能動文　76, 77
能力可能　78
のだ　96, 97, 102
のである　97
延べ語数　127

●は　行
パーフェクト　87, 95
背景化　77
ハ行子音　29, 39
バ行子音　29
パ行子音　29
パ行で始まる語　55
ハ行転呼音　40
破擦音化　40
パジェス*　173

橋本進吉*　179
場所　68
はずがない　99
はずだ　96, 99
派生語　127
バ節　93
撥音　30, 31, 33, 45
撥音便　43, 45
発話時　82
話し合い　94
話し言葉　65
反義語　134
半母音　30
鼻音性一致原則　48
鼻音要素　41
比較言語学　17
比較の対象　68
比較方言学　198
非過去　83, 106
比況　101
比況表現　157
非指示的名詞句　71
微視的時間把握　82, 89
非対称性　134
必然性　96, 98
ピッチアクセント　36
否定　107
非鼻音化現象　59
被覆形　113, 127
鼻母音　60
評価の基準　69
表現苦時代　164
標準語　183, 184
平仮名　142
平仮名専用論　150
不可能表現　158

複合　187
複合語　127
複合語アクセント　36
複合助動詞　121, 124, 125
複合動詞　50
福沢諭吉*　151
副詞句　96
副詞節　74, 96
藤岡勝二*　18
富士谷成章*　174
藤原定家*　145
付属語　64
二葉亭四迷*　165
普通文　164
物類称呼　195
文語　163, 164
文語体　165
文語文法　112
文節　64, 65
平安末期の1音節・2音節名詞のアクセント型　48
平安末期の京都アクセント　48
閉音節　44, 62
平家物語　161, 162
べきだ　96, 99
ヘボン*　147
ヘボン式　147
変異　180
変項名詞句　71
変体仮名　144
変体漢文　154
弁別的意義特徴　133
変容　185, 187
母音韻尾　60
母音交替　113
母音調和　18, 19

母音の発音　31
方言　184
方言区画　189
方言区画論　189
方言コスプレ　221
方言周圏論　185
方言地理学　197, 198
方言に対する意識　216, 217
方言のブランド化　222
包摂・一致文　71
梵語　171

●ま 行
まい　96, 97, 106
前島密*　149, 164
マエ節　92
マ行子音　29
ましょう　106
ます　111
松下大三郎*　179
マデ節　93
までに　93
万葉仮名　41, 142
万葉仮名文　155
身内尊敬用法　192, 193
御国詞活用抄　178
ミ語法　114, 117
未然形　97, 106
みたいだ　96, 100, 101
南の四段階説　74, 96
ミニマルペア　33
未来　82, 94
民間語源　188
民衆語源　188
民族語源説　135
ムードの「〜た」　83

無敬語方言　192
無声化　32
無生物　80
無対自動詞　67
無対他動詞　67
名詞述語　68, 91, 92, 96, 106, 108
名詞述語文　70, 101
名詞節　74
命題　98
命令　85, 105
命令・依頼　97, 98, 109, 110
命令形　97
モーラ　34, 35
目的・目標　74, 75
目的語　66, 75
目的地　68
文字之教　151
モダリティ　96
モダリティの副詞　101
本居宣長＊　178
本居春庭＊　178

●や　行
ヤ行子音　30
役割語　109
柳田國男＊　185, 197
山田美妙＊　165
山田孝雄＊　179
やら　97, 107, 108
有情物　77
湯桶読み　129
よ　97, 107, 109
よう（う）　96, 97, 106, 109, 111
拗音　28, 34, 60, 61
拗音＋撥音　55
幼児語　139

ようだ　96, 100, 101
様態　75, 101, 102
用法　132
与格　67, 68
装　174
装図　178
四つ仮名　40
よね　110

●ら　行
ラ行子音　25, 29
らしい　96, 100, 102
ら抜き言葉　79
られている　91
蘭学　131, 146
理解語彙　128
俚言　181
理由節　103
類義語　133
ルイス・フロイス＊　149
歴史的仮名遣い　38, 40, 146
れば　93
連体形終止　120〜123
連体修飾節　74, 75, 90, 97, 99〜101, 105, 107
連用修飾　64
老人語　139
ローマ字　146
ローマ字専用論　150
ローマ字のつづり方　147
露出形　113, 127
ロドリゲス＊　41, 44, 163, 173

●わ　行
わ　97, 107, 109, 110
和英語林集成　147

和音　58
和化漢語　128, 137
和化漢文　154
分かち書き　150
和歌の実作　170
和歌の理解　170
若者言葉　139
和漢混淆文　161, 163
ワ行子音　30

和語　51, 128, 131, 137
和字正濫鈔　145
和習（臭）　154
和製漢語　128, 131, 137
和製漢字　142
和文体　156〜158, 160, 161
和文特有語　160
んだ　97
んです　97

分担執筆者紹介

(執筆の章順)

肥爪　周二（ひづめ・しゅうじ）・執筆章→2・3・4

1966 年	神奈川県に生まれる
1993 年	東京大学大学院人文科学研究科博士課程中退
現在	東京大学大学院人文社会系研究科・文学部准教授
専攻	日本語音韻史・日本韻学史
主な著書	日本語史概説（共著　朝倉書店）
	古典語研究の焦点（共編著　武蔵野書院）

金水　敏（きんすい・さとし）・執筆章→5・6・7

1956 年	大阪府に生まれる
1981 年	東京大学大学院人文科学研究科修士課程修了
現在	大阪大学大学院文学研究科教授・博士（文学）
専攻	国語学
主な著書	岩波講座　言語の科学 5　文法（共著　岩波書店）
	現代言語学入門 4　意味と文脈（共著　岩波書店）
	日本語の文法 2　時・否定と取り立て（共著　岩波書店）
	日本語存在表現の歴史（ひつじ書房）
	シリーズ日本語史 3　文法史（共著　岩波書店）

山本　真吾（やまもと・しんご） ・執筆章→ 8・9・11

1961年	大阪府に生まれる
1988年	広島大学大学院文学研究科博士課程後期退学
現在	白百合女子大学教授・博士（文学）
専攻	日本語史，特に古代・中世日本語の語彙と文体
主な著書	平安鎌倉時代に於ける表白・願文の文体の研究（汲古書院）
	図解　日本語（共著　三省堂）

篠崎　晃一（しのざき・こういち） ・執筆章→ 13・14・15

1957年	千葉県に生まれる
1988年	東京都立大学大学院人文科学研究科博士課程中退
現在	東京女子大学教授
専攻	社会言語学・方言学
主な著書	方言の現在（共編著　明治書院）
	ガイドブック方言研究（共編著　ひつじ書房）
	ガイドブック方言調査（共編著　ひつじ書房）
	ウソ読みで引ける難読語辞典（監修　小学館）
	ことばのえじてん（監修　小学館）
	方言の発見―知られざる地域差を知る―（共編著　ひつじ書房）
	出身地（イナカ）がわかる方言（共著　幻冬舎）
	例解新国語辞典第9版（編集代表　三省堂）
	ワーズハウスへようこそ―ついつい間違えてしまう日本語―（金の星社）
	北海道・東北「方言」から見える県民性の謎（実業之日本社）
	九州・沖縄「方言」から見える県民性の謎（実業之日本社）

編著者紹介

月本　雅幸（つきもと・まさゆき）
　　　　　　　　　　　　　　　・執筆章→1・10・12

1954年　福岡県に生まれる
1981年　東京大学大学院人文科学研究科博士課程退学
現在　　東京大学大学院人文社会系研究科教授
専攻　　日本語学・日本語史
主な著書　新訂　日本語の歴史（共編著　放送大学教育振興会）
　　　　　古典語研究の焦点（共編著　武蔵野書院）
　　　　　訓点語辞典（共編　東京堂出版）
　　　　　日本語の歴史（共著　東京大学出版会）

放送大学教材　1554824-1-1511（テレビ）

日本語概説

発　行	2015 年 3 月 20 日　第 1 刷
	2017 年 1 月 20 日　第 2 刷
編著者	月本雅幸
発行所	一般財団法人　放送大学教育振興会
	〒 105-0001　東京都港区虎ノ門 1-14-1　郵政福祉琴平ビル
	電話 03（3502）2750

市販用は放送大学教材と同じ内容です。定価はカバーに表示してあります。
落丁本・乱丁本はお取り替えいたします。

Printed in Japan　ISBN978-4-595-31541-1　C1381
JASRAC 出1410929-602